心理学
エレメンタルズ

スーザン・ケイヴ＝著
福田周・卯月研次＝訳

心の問題への治療的アプローチ

臨床心理学入門

新曜社

THERAPEUTIC APPROACHES IN PSYCHOLOGY
by Susan Cave

夫、そして親友であるリーに。

「私たちに必要なのは、もっとたくさんの思いやりのある友と、もっと少ない専門家だ」（マッソン、１９８８）

はじめに

この本は、心の問題の治療に対する現在の心理学の考え方、研究、そしてどのような実践を行なっているかについて概略を伝え、その幅と奥行きを知っていただくことをねらいとしています。基本的に初学者のための本ですが、私たちの周囲にかくも多く見られる精神疾患が日常生活にもたらす苦難を、なんとかしたいと思っているすべての人びと——私もその一人です——にも、同じく役立つと思います。

この本は、まず最初の章で、いろいろな精神疾患について紹介し、それらの疾患に対する説明（あるいは**モデル**）と、多様なセラピーの方法について、概略を述べます。主要なセラピーの方法については、それぞれ章を改めて取り上げ（第2章－6章）、その方法の基本的原理を述べ、セラピーの例をあげて重要な技法を説明し、その方法がどのような疾患に適用できるかについて、**ケース研究**や**調査**研究を取り上げながら具体的に論じています。その後の章はセラピーの効果についての研究（第7章と8章）、セラピーを行なうにあたっての倫理の問題（第9章）、臨床の実践（第10章）について述べます。最後の章（第11章）には、いくつか重要な研究の要約を載せました。

本文中にゴチック体で示した専門用語は、巻末の用語解説を参照してください。

目次

装幀＝加藤俊二

図表リスト

第1章 道案内

◆――異常という概念

治療を必要としている人とは？

さまざまなタイプの精神疾患の治療に用いられる方法について説明し評価する前に、まず、私たちが「精神疾患」とか「異常」と言っていることが、正確には何をさしているのかを考えておくのは大切である。ほとんどの文化が何らかのかたちで、精神的な問題が存在するということを認めているけれども、何が好ましくない行動なのかは、文化によって相当な違いがある。たとえば、ナイジェリアのヨルバ人は、平均的なアメリカ人よりも、妄想型**統合失調症**（paranoid schizophrenia）の症状を示す人を精神的な病気と見なすことがずっと少ない（Erinosho and Ayonrinde, 1981）。また何が好ましくないことかは、同性愛の場合のように、同一社会の中でも時代とともに変化する（同性愛はかつて精神的な病気に分類されていた）。このような人びとに社会が対処する方法を標準化し、そして臨床医がもっているかもしれないあらゆる主観的なバイアスを取り除こうとする試みがなされてきた。そしてみなが同意できる、異常に関する定義や基準をつくろうとする努力がなされてきた。異常と見なされたら、その法的、社会的な結果はたいへん重大であって、強制的に治療されたり自由を喪失したりすることがあるだけでなく、社会的にも拒絶されかねない。それゆえ、普遍的であいまいなところのない基準を開発することが、とても重要なのである。

異常行動を定義するための基準

異常行動は、次の五つの異なる基準を用いて定義されている。

- **統計学的基準**　平均からの逸脱として異常を定義する。
- **規範からの逸脱による基準**　期待される振る舞いからの逸脱として異常を定義する。
- **精神衛生による基準**　社会的に望ましい特質や行動の欠如として異常を定義する（Jahoda, 1958）。

・**社会的／心理学的基準**　望ましくない行動の存在によって異常を定義する（Rosenhan and Seligman, 1984）。

・**精神病理による基準**　症状群の存在によって異常を定義する。

この最後のアプローチ法はもっとも一般的に用いられており、この章でさらに検討する。行動における一群の特徴的な症状が取り出され、それが潜在的な精神疾患の存在を示唆するものとされる。治療の対象となるのは、その潜在的な疾患である。たとえば、現在もっとも一般的に使用されている分類体系は**DSM-Ⅳ**であるが、そこでは精神疾患を以下のように定義している。

> 臨床的意味のある行動または心理的症候群または様式であって、それがある人に起こり、現存する心痛（例：苦痛を伴う症状）または能力低下（すなわち、機能の一つ以上の重要な領域での不全）を伴っているか、死、苦痛、能力低下、または自由の重大な喪失の危険が著しく増大しているものとして概念化される。さらに、この症候群または様式は、単にある特別な出来事、たとえば、愛する人の死、に対して予測され、文化的に容認される反応であってはならない。
>
> （Gross and McIlveen, 1996. 訳は『DSM-Ⅳ-TR』（高橋三郎ほか訳）による）

例をあげると、臨床的**抑うつ**は、少なくとも二週間にわたる気分の低下に加えて、以下の症状の五つ以上があることと定義される。食欲あるいは体重の変化、睡眠パターンの変化、活動力の低下、焦燥あるいは緩慢、喜びの欠如、罪悪感、集中困難、自殺念慮。この体系は、分類体系としての**信頼性**に加えて、たとえば、問題行動の裏には身体的な疾患があると仮定していることに対して疑問が出されているなどの問題もある。実際的には、上記の基準のすべてを用いる折衷的アプローチが、もっとも良い妥協点といえるだろう。

◆――精神疾患の分類

精神疾患の分類に関しては、疾患が異なればふさわしい治療法も異なると見るのが自然だ。そこで、疾患を見分け、適切な治療をすることができるように、信頼性が高い、そして妥当な分類体系を最初に確立することが不可欠なのである。前節で述べたように、現在もっとも広く使われている体系はDSM-Ⅳであるが、これはアメリカの体系で、表1-1に示すカテゴリーを用いている。この体系ではまた、各個人は五つの機能軸で評価される（もっとも、最初の三つだけが必須）。これらの軸には、概説した症候群（表1-1を参照）に加えて、機能への医療的、社会的、職業的、環境的影響が含まれる。

先に述べたとおり、分類体系をもつことの主な目的の一つは、共通の起源をもつ疾患のカテゴリーを確立し、同一の治療を受けられるようにすることにある。しかし、実際はそう単純ではなく、現在の体系の**信頼性**にも**妥当性**にも疑問が投げかけられている。信頼性に関しては、いくつかの研究（たとえばZigler

表1-1　DSM-Ⅳにあげられている主な精神疾患のカテゴリー

臨床的障害	人格障害
統合失調症とその他の精神病性障害	反社会性人格障害
気分障害	妄想性人格障害
不安障害	分裂病質人格障害
身体表現性障害	分裂病型人格障害
解離性障害	境界性人格障害
虚偽性障害	自己愛性人格障害
性障害および性同一性障害	回避性人格障害
摂食障害	依存性人格障害
衝動制御の障害	強迫性人格障害
適応障害	
児童期，青年期の障害	
認知障害（たとえば痴呆，健忘）	
物質関連障害	
睡眠障害	

and Phillips, 1961）で、臨床医間の一致率が54パーセントから84パーセントであり、低いという結果が得られた。もっと最近の研究ではこの数値が向上したことが示唆されているが、しかしいまだに診断のプロセスに主観的な判断が必要とされることから、一致率の大幅な向上は見込めそうもない。妥当性については、多くのカテゴリー（たとえば統合失調症）に、行動が非常に異なっていて、同種の治療には反応しないと思われる人びとが含まれている。また不安障害のようなカテゴリーには共通の起源があると思えず、そして多様な治療が効果をもちうる。後の章で見るように、このような問題があるため、治療の有効性を評価するのは非常に難しく、そもそも治療法を決定することにさえ困難がある。

◆精神疾患のモデル

「モデル」というのは、ここでは、何が精神疾患を起こすかについての視点、あるいは信念の体系を意味している。心理学一般にはいくつかの学派があって、それぞれ考え方が異なっている。たとえば、行動主義学派、精神力動学派あるいはフロイト学派などで、それらはほとんどの行動様式に関して、互いに相容れない解釈を提示している。人間の行動の複雑さを考えれば、特定のケースにはこの見方がより有効ということがあるとしても、いくつかの異なる視点が共に妥当、ということも大いにあるだろう。同じことが精神疾患についてもいえる。しかしこの領域では、モデルがとくに影響力をもっている。というのも、それらが競合する解釈を提示するばかりでなく、異なったタイプの治療が妥当であることも示唆するからである。次の節で、このことについて詳しく述べることとしよう。

歴史的には、精神疾患への宗教的なアプローチと医学的アプローチをめぐって対立が続いてきた。たとえば中世においては、当時の宗教的潮流のために、多くの異常と見なされた人びとが悪魔にとりつかれたものとされ、磔にされて焼かれた。しかし医者は、このような問題の起源は医学的なものだという紀元前4世紀のヒポクラテスの見方をとっていた。「狂気」や「きちがい」という言葉が「精神疾患」という言葉に置き換えられ、「気がふれた者」が「患者」となり、収容所での扱い方が医学的になり、ただ閉じ込めるのでなく治療を目指すようになったのは、ようやく19世紀の初頭になってからだった。したがって**医学**（あるいは**生物医学**）モデルが、最初に登場した現代的なアプローチであった。このモデルの主な仮説は、身体疾患の症状の場合と同じように、精神疾患の行動上の症状は、潜在している病気のプロセスを反映しているというものである。このモデルを支えているのは、次の三種類の証拠である。脳の障害が行動に与える影響に関する研究、行動に対する遺伝的影響の研究、そして神経系の伝達システムの障害と行動異常との関連の研究。一番目のタイプの研究の例がフィニアス・ゲイジの症例で、ケース研究１‐１に概要をまとめた。

ケース研究1‐1　フィニアス・ゲイジ（Phineas Gage）

フィニアス・ゲイジは鉄道労働者だったが、爆発事故のため長さ3フィート7インチ、直径1インチの金属棒が頭蓋骨内に突き刺さり、脳障害をこうむった。棒は彼の左の頬から入り、頭蓋骨の頭頂部を貫通した。彼の運動神経や感覚機能と全体的な身体的健康は、事故後も変化しなかった。しかし、彼の行動は大きく変化してしまい、もはや雇用できないと見なされた。主な変化は、抑制がきかなくなったことだった。「落ち着きがなく、不遜で、ときどき非常に粗野な冒瀆的行為に走り……同僚に対してまったく敬意を欠いた態度を示し、自分の欲望と対立するような制止や忠告にはいらだちを示し……将来の作業計画を次々考え出してはそのそばから放棄するのだった。」（Harlow, 1868: 339-40）

19世紀末のフロイトの仕事に始まった**精神力動的モデル**は、精神疾患への伝統的な見方に対する最初の強力な突破口となった。このアプローチでは、悪魔に憑かれたという考えと同時に、異常行動は病気の結果であるという考えも否定された。フロイトによれば、私たちは、生物学的願望（とくに性的な願望）と、社会から要請される制約との衝突の結果、絶え間ない葛藤と不安の状態にある。この葛藤は乳幼児期にはとくに問題となり、心の無意識の中に抑圧されたまま未解決の葛藤状態を引き起こすことがある。この抑圧が今度は行動を歪め、精神疾患につながる。

現在もっとも影響力がある精神力動理論は、**対象関係論**である（Klein, 1932）。このアプローチでは、乳幼児は他者と関係をもつことへの欲求によって動機づけられていると考える。他者は、まず部分対象（たとえば乳房）として見られ、後には全体対象（たとえば母親）となる。乳幼児は、自分自身の欲求にもとづいて、これらの対象への空想を発展させる。そして行動を方向づけるものは、現実よりもむしろこれらの空想なのである。

行動主義モデルは、すべての行動は学習されるという見方と、その学習がどのように行なわれるかについての理論にもとづいている。以下のアイゼンクによる要約が、よくこのモデルを示している。「フロイト派の理論は**神経症**の症状を『無意識の原因が目に見えるかたちで現われたもの』と見なす。学習理論はそのような「無意識的」な原因をまったく仮定しない。神経症の症状は、ただ単に学習された習癖なのである。つまり、症状の裏に潜む神経症など存在せず、ただ症状があるにすぎない。症状を取り除けば、神経症はなくなるのである」（Eysenck, 1965, Tyrer and Steinberg, 1987: p.49 からの引用）。したがってこのモデルは、これまで述べてきたものとは違って、基礎にある原因を探したりせず、ただ行動を観察する。これは心理学における行動主義アプローチの基本的な仮説にもとづいている。すなわち、科学的な心理学の主な関心は、意識的、無意識的な精神過程ではなく、観察可能な行動にあるとする。

精神疾患の事例で観察される行動は、不適応行動と見なされる。不適応なものではあっても、それらは、社会的に受容される行動と同じようにして獲得される。行動の獲得を説明するために、二つの主要な学習理論が発展した。それは**古典的条件づけ**と**オペラント条件づけ**として知られている。古典的条件づけ（パブロフの条件づけ）においては、反射的（あるいは自動的）反応が条件づけのプロセスを通して新しい刺激と結びつけられるようになる。ケース研究１‐２はその例である。

ケース研究1‐2　アルバート坊や

ワトソンとレイナー（Watson and Rayner, 1920）は、「アルバート坊や」と呼ばれる11ヶ月の子どもに、ペットの白ネズミへの恐怖を作り出した。研究者たちはアルバート坊やが白ネズミと遊ぼうとするたびに、ぎょっとするような大きな音を出したのである（金属棒を叩いた）。これを七回繰り返すと、アルバートはネズミの姿を見ただけで泣き出すようになった。行動主義者たちはこのようにして、**恐怖症**は学習によって獲得されると主張した。アルバート坊やの恐怖は、他の白くてフワフワしたもの、たとえばウサギや綿、研究者の白髪にまで広がった（般化）。

オペラント条件づけ（Skinner, 1938）とは、ある刺激に対して起こる反応の確率を、以前に受けた**強化**に応じて変えることができる過程のことをいう。たとえば、報酬を与えたり（その反応が再び起こる可能性を高める）、あるいは**罰**を与えたり（その反応が再び起こる可能性を低める）して、その確率を変えることができる。したがって行動主義者にとっては、人の行動パターンは、環境によって与えられた、連合、強化、罰のプロセスを経て学んだものということになる。

認知的モデルは、これまで述べたものとはまた異なる見方をしていて、認知こそが行動を決定づける主要なものであると主張する。期待や心構え、感情、知覚、解釈なども含めて、意識されている思考過程は歪曲されることがあり（**認知的歪曲**）、それが行動上の問題へとつながる。

このモデルに大きな理論的貢献をしたものの一つは、**社会的学習理論**（Bandura, 1969）である。これは、他者の行動（「モデル」と呼ばれる）を観察したり模倣したりすることで学習が生じるとする。他の理論家たちは、精神疾患で苦しむ人たちが示す誤った思考のタイプに焦点を合わせた（つまり、そういう人たちの非合理で非適応的な思考の性質に着目した）。たとえば、セリグマン（Seligman, 1975）は、彼が「学習性無力感」と名づけた思考様式について述べ、それがうつ病に特徴的であると考えた。この思考様式に陥ると、今置かれている環境は自分のコントロールを超えており、自分に起きることに対して自分ではどうすることもできない、と感じるようになる。

人間主義的モデルと**社会・文化的モデル**（現象学的あるいは実存主義的モデルとも呼ばれる）は、いかなる意味でも両者が同じというわけではないが、紙面の都合でまとめて説明する。人間主義的理論では、人はそれぞれに独自であるとし、精神的な問題も、その人のものの見方から理解しようとする。たとえばロジャーズ（Rogers, 1951）は、その人の自己概念が他者（とくに家族）からのプレッシャーによってどのように歪められるのかに注目した。社会-文化的理論は、行動上の障害に社会的な圧力が関与していることをとくに重視する。たとえば、精神科医のR・D・レイン（Laing, 1965）は、自分の存在がおびやかされる不安から精神疾患が生じると考えた。この理論の著述家たち（たとえばSmail, 1991など）は、原因（欠陥）はその個人にあるのではなく、私たちが暮らしている社会の性質と、私たちが他者とかかわるそのかかわり方にあると指摘している。

まとめ

以上に概観してきたモデルは、これから学んでいくことの理解に役立つよう、必要なことをごく簡潔に述べたにすぎない。強調しておきたいのは、これらの理論は互いに排除し合っているわけではなく、現代のアプローチはそれらのすべてに負っているということである。しかし、どのモデルに立つかによって勧められる治療法が異なってくるので、次にそれを説明しよう。

◆治療アプローチのタイプ

セラピー（療法）とは、精神疾患を治療し、それをもっと対処しやすいものにしようとする、意図的な介入のことをいう。セラピーは、「治す」ための試みである場合もあるが、その人が自分の問題とどのように付き合っていけばよいかを教える試みである場合もある。これから、現在よく用いられているいろいろなセラピーについて、概要を説明する。セラピーは、大きく、身体医学的治療（医学モデルに基盤を置いている）と心理療法（別のモデルに基盤を置いている）とに分けることができる。

身体医学的治療は、ごく初期の精神病院で始まった。当時の「治療」は、多くの場合、純粋に隔離することを意味し、収容者は自分と他者の安全のために鎖につながれていた。この状態は1792年に、ピネルによって変革された。彼がビセートルと呼ばれるパリの精神病院を担当することになって最初にしたことは、すべての鎖と拘束を取り除くことだった。しかし、19世紀の初頭になっても、治療法の多くは野蛮なものだった。たとえば、「回転椅子」は、収容者をひもで縛りつけ、耳から血が流れるまで速く回す器具であった。

現在、身体医学的治療は三つのアプローチからなっている。薬物を用いるもの（**化学療法**として知られている）、**電気けいれん療法**（ECTと略される）、そして脳細胞を破壊したり機能を除去したりするもの（**精神外科**）である。こうした治療法については、第2章で説明しよう。

力動的心理療法は、フロイトの精神分析の体系に端を発している。もともとのかたちでは、精神疾患（症状）の根底にある無意識的な葛藤を意識にのぼらせ、セラピスト（治療者、療法家）が対処しやすくすることを目指していた。そのために、**自由連想**と夢分析に加えて、クライエント（患者）がセラピストに対してもつ関係を分析する技法も用いられた。これは**転移**と呼ばれるが、このプロセスを通じて、重要な他者との関係で生じた問題が明らかになると考えられたのである。ここから生じたより新しい方法としては、精神分析的療法や、力動的集団療法などがある。また、フロイト以外の理論家に基盤を置く精神分析療法もいくつかある。たとえば、クラインは大人に対する独自の療法と、子ども向けの**遊戯療法**を発展させた。これについては第3章で説明する。

行動主義的セラピーについては第4章で説明する。これは二つに大別される。一つは古典的条件づけに基盤を置くもので、**行動療法**と呼ばれ、条件づけの手続きを用いて不適応行動を除去しようとするものである。例をあげれば、**系統的脱感作法**（合理的でない恐れ、たとえばクモ恐怖などをもつ人に対して、その恐怖を減らす手助けをするもの）や、**嫌悪療法**（やめたほうがいいのに好きでやめられないもの、たとえばアルコールなどの問題をもつ人に、それを避けるよう導くもの）などがある。

二つ目は、**行動変容**の技法を用いるもので、これはオペラント条件づけにもとづく。望ましい行動を増やし、望ましくない行動をなくすために選択的強化を行なう。このなかでもっとも有名な方法は**トークン・エコノミー**（Allyon and Azrin, 1968）で、たとえば社交的になるなどの増やしたい行動に対して、報酬にトークン［後で実際の報酬がもらえる、一種の引換券］を与えるものである。

認知療法については第5章で述べるが、理論的に非常に多様なアプローチがあることを反映して、多岐にわたる。共通しているのは、行動する際に合理的に考えられるようにし、変化の可能性を高めようとすることである。たとえば、バンデューラ（Bandura, 1969）の社会的学習理論にもとづいて、望ましい行動をモデルとし、それをまねることが奨励されたりする。ロールプレイも、その人の自己概念を揺さぶるために用いられる（たとえば**パーソナル・コンストラクト療法**など）。ベック（Beck, 1967）のアプローチでは、非合理的な信念は、話し合いをしたり、それを試すような課題を出したりすることで揺さぶることができる。

人間主義的療法にはロジャーズ（Rogers, 1980）の**人間中心療法**などがあるが、これは治療的な関係の中で適切な環境を提供することによって、その人の成長や発達を促すことを目的としている。これまで述べてきた他のアプローチとは異なって、セラピストが介入するのではなく、その人が自分の置かれた状況の中で主体的に、自分で決断を下していくよう促していく。このアプローチの流れをくむものにエンカウンター・グループや**家族療法**などがあり、いずれも他の人と交流し、関係する時のその人の流儀を治療的な基盤として使って、行動上の問題に対処しようとする。これらのセラピーについては、第6章で述べる。社会-文化的モデルに立つ心理学者の多くは、多くの人が直面している問題を完全に解決するには、より広い社会的なスケールでの介入が必要だと感じている、ということを指摘しておくべきだろう。ただ、そういう介入については、この本の範囲を超えている。

◆――章のまとめ

この章では、異常行動を定義するいくつかの基準、とくに精神症状の基準に重点を置いて概観した。DSM-Ⅳの分類体系についても、簡単に説明し評価を加えた。こういう行動を理解しようと努めている、医学的、精神力動的、行動的、認知的、人間主義的／社会－文化的モデルについて説明した。これらのモデルが治療とどうかかわるか、そしてそれぞれのモデルにもとづいて行なわれているセラピーの種類についても説明した。以下第2章から第6章では、それぞれ身体的、行動的、認知的、そして人間主義的／社会－文化的療法について、個別に考察してゆこう。

読書案内

Gross, R. and McIlveen, R.（1996）*Abnormal Psychology*, London: Hodder and Stoughton. 興味深く、値段も手頃なテキスト。簡潔に、この領域全体の最新の知見がカバーされている。

Davison, G. and Neale, J.（1994）*Abnormal Psychology*（6th edition), NY: Wiley. 値段は高いが、わかりやすく詳細なテキスト。

第2章　身体医学的治療

◆——一般原理

身体医学的治療は医学モデルから派生したもので、精神疾患を身体の病気と捉える。したがって治療はさまざまな肉体的（あるいは「身体的」）方法によって行なわれる。ここで論じる治療法は、薬物療法、電気けいれん療法（electro-convulsive shock therapy, ECT）、精神外科である。

◆——薬物療法

薬物療法は化学療法とも呼ばれる。薬が最初に精神疾患の治療のために使われたのは19世紀のことである。１９５０年代からは薬が広く使用されるようになり、国民健康保険制度（ＮＨＳ：The National Health Service. イギリス国営の医療制度）による処方のなかでも大きな割合を占めるに至っている。たとえば１９７９年には、３０７０万ものベンゾジアゼピン（マイナー・トランキライザータイプの薬の一つ）を使用した処方がなされた（Taylor, 1987）。

使用されている薬の主なタイプは以下のとおりである。

・メジャー・トランキライザー（強力精神安定薬）（抗精神病薬または**神経遮断薬**ともいう）
・マイナー・トランキライザー（緩和精神安定薬）（抗不安薬または不安緩解薬）
・抗うつ薬
・抗躁薬
・刺激薬

しばしばこれらの一般名称は変更されるが、現在のところ使用されている薬のリストを表２‐１にあげ

表2-1　精神疾患の治療に使用される主な薬

メジャー・トランキライザー	マイナー・トランキライザー	抗うつ薬	抗躁薬	刺激薬
フェノチアジン 例：クロルプロマジン（ソラジン，ラーガクティル）	プロパンジオール 例：メプロバメート（ミルタウン）	モノアミンオキシターゼ阻害薬 例：フェネルジン（ナーディル）	リチウム 例：炭酸リチウム（Lithane），塩化リチウム（Litarex）	アンフェタミン 例：デキサドリン，メセドリン，アンフェタミン硫酸塩（リタリン）
ブチロフェノン 例：ハロペリドール（ハルドール），ドロペリドール（ドロレプタン）	ベンゾジアゼピン 例：クロルジアゼポキシド（リブリウム），ジアゼパム（バリウム），タマゼパム（Eu-hypnos），ニトラゼパム（Mogadon），ロラゼパム（アチバン），アルプラゾラム（ザナックス）	三環系抗うつ薬 例：イミプラミン（トフラニール）		
ジベザゼピン 例：クロザピン（クロザリル）		選択的セロトニン再取り込み阻害薬（SSRI） 例：フルオキセチン（プロザック），サートラリン（ラストラル），クロミプラミン（アナフラニール）		

注：（　）内は商標名。

よう。

これらの薬は一般に神経系の伝達に影響を与えることによって作用する。これがどのように生じるかについての詳しい説明は本書の範囲を超えているので、ここではごく簡単な説明にとどめる（より詳しい解説は、本書シリーズの『心の神経生理学入門』シルバー著、苧阪・苧阪訳、新曜社、２００５を参照）。神経伝達の性質は、主に電気（神経インパルス。神経に沿って移動する電荷のこと）だが、神経間の接合点（シナプス間隙）では化学的な方法で伝達される。そのために、**神経伝達物質**（neurotransmitter）として知られている化学物質が神経細胞体で生産される。タイプの異なる神経伝達物質がたくさんあるが、**ドーパミン**（dopamine）、**セロトニン**（serotonin）、アセチルコリン、**ノルアドレナリン**（noradrenaline）（ノルエピネフリンともいう）そしてガンマアミノ酢酸（gamma-amino butyric acid, **ＧＡＢＡ**）が主なものである。精神活性薬はさまざまな方法で作用するが、しかし基本的には、利用可能な神経伝達物質のレベルを上げ下げする作用がある。どの神経伝達物質に影響を与えるかによって、そして、その神経伝達物質の作用を強めるか、あるいは弱めるかによって、薬は、さまざまな行動を落ち着かせたり、活気づけたりする。薬によって効くしくみが違うということは、また、その副作用も異なることを意味する。

薬が何に対して使われるのか、どのように作用するのか、そして、問題や副作用は何かについて、これから薬の各グループを順に見てゆこう。

メジャー・トランキライザー（抗精神病薬）

名前が意味しているように、これらは**統合失調症**（schizophrenia）のような重度の障害を治療するために使われる。メジャー・トランキライザーは神経系において、ドーパミンの特定のタイプの受容体（D２受容体、Ｄ４受容体と呼ばれる）を遮断することで脳中のドーパミンのレベルを下げる作用をする。この薬は、一般的な鎮静効果と精神病性症状（たとえば幻覚、錯乱、運動障害）の減少をもたらす。しかし、引きこもりや無気力のような陰性症状に対する効果はほとんどない。そしてかすみ目、口渇、集中力低下、低血圧のような著しい副作用がある。ある種のメジャー・トランキライザーは、光線過敏傾向、男性の場合のインポテンス、**遅発性ジスキネジア**（tardive dyskinesia）（チック、けいれん、舌の不随意運動）のような統制不能な運動異常の副作用を起こす。遅発性ジスキネジアは患者のおよそ30パーセントに生じ、また薬を長期間使用するとその可能性がいっそう高くなり（Gaultieri, 1991）、多量投薬や患者が高齢の場合にも高くなる（Hughes and Pierattini, 1992）。たとえばクロザピンのように、別のタイプのメジャー・トランキライザーは一部の患者にとってはより効果があり、また運動障害を生じない。しかし、発生率は低いが、顆粒球減少症と呼ばれる白血球生産に致命的な阻止作用を引き起こすことがある。これが発生すると伝染病に感染しやすくなる。このような問題があるため、副作用をコントロールするために他の薬が必要となる。また白血球数を監視するために定期的な血液検査が必要である。このタイプのメジャー・トランキライザーの新種である、オランザピンと呼ばれる「非定型抗精神病薬」は、白血球数に影響を与えないとされている。

このような薬がすべての患者に効くとは思われないし、長期使用はできないだろうが、それでもこれらの障害に対して他の治療（**プラシーボ**（placebo：偽薬）と呼ばれる「模造薬」の使用を含めて）より効果があることがわかっている。また薬は再発を防止するのに役立つ可能性がある（Hogarty et al., 1974）。たとえば、フェノチアジンは、60～70パーセントの患者の改善と関連が見られることがわかった（Bernstein et al., 1994）。

マイナー・トランキライザー（抗不安薬）

不安緩解薬（anxiolytics）としても知られているが、これは不安と筋肉緊張を低減するために用いられ、恐怖症から全般性不安障害まで、広範囲にわたる神経症患者の安定に寄与している。たとえば、アルプラゾラムは**パニック障害**と広場恐怖の治療に役立つことがわかっている（Klosko et al., 1990）。この薬はまたストレス関連障害や反応性うつ病、そしてまたアルコールや麻薬中毒による**禁断症状**（withdrawal）にも効果があるといわれている。
これらの薬は中枢神経系の活動を弱めるように作用し、それが交感神経系の活動を弱める。交感神経系は、情動的反応と関連する（心拍数の増加のような）生理的変化にかかわっている。また、ＧＡＢＡ受容体の感度も上がる。ＧＡＢＡは抑制性伝達物質で、反応を遮断するため、行動を抑制することにつながる。

これらの薬の副作用もまた無視できない程度になる可能性があり、とくに長期使用の時には問題となる。体のだるさに加えて、薬への**依存性**（dependency）が高まる（すなわち薬を摂り続けることが必要となる）。また、**耐性**（tolerance）が増したり（望むような効果を達成するのにさらに多量の服薬が必要となる）、薬がなくなった時の震えやけいれん、不安のような禁断症状の問題もある。薬には毒性もあり、過量摂取は死を招く。もしアルコールとともに摂取すれば、さらにその危険が高まる。しかしながら、ブスピロン（buspirone）という、このグループの最新の薬は、作用はゆっくりだが、依存性を促進せず、また、アルコールとの相互作用や認知障害、運動障害を生じない（Lickey and Gordon, 1991）。この薬はGABA受容体ではなくセロトニン受容体に影響を与える。明らかに副作用が少ないにもかかわらず、患者の10パーセントがまだこの薬の使用をやめてしまう（Okocha, 1998）。

これらの薬の使用は減少してきているとはいえ（King et al., 1990）、とくに女性への治療において、社会統制の手段として不正に使用されてきたと述べる著者は多い（Gabe, 1996）。伝統的な性役割に従わなくてはならないというプレッシャーが精神疾患の症状を引き起こしている場合には、症状を軽減する薬物の使用は、そのような社会的圧力を容認することになるというのである（Cooperstock and Lennard, 1979）。

抗うつ薬

この薬はうつ病患者の気分を高め、不安をもつ患者のパニックを減らすために使われる。したがって、一般的なうつ病に使われるだけでなく、不安、広場恐怖、強迫性障害、パニック発作、摂食障害、**季節性**

感情障害に使用されることもある。たとえば、クロミプラミンは強迫性障害の治療に使用されている（Leonard et.al., 1989）。抗うつ薬はその効果が得られる方法にしたがって三つの主なグループに分けることができる。いずれの場合も、得られる効果は、一つ以上の神経伝達物質の作用を高めることである。

モノアミンオキシダーゼ阻害薬（monoamine oxidase inhibitor, ＭＡＯＩ）は、モノアミンオキシダーゼ酵素の作用を妨害する。モノアミンオキシダーゼ酵素は通常、神経伝達物質のノルアドレナリンとセロトニンを分解する。したがって、ＭＡＯＩは神経系におけるこれらの神経伝達物質のレベルを上げる。**三環系抗うつ薬**（tricyclics, ＴＣＡ）は、同じ神経伝達物質が使用後に再吸収されるのを阻害することで、結果的に利用できる量を増やす。**選択的セロトニン再取り込み阻害薬**（selective serotonin re-uptake inhibitor, ＳＳＲＩ）は、セロトニンの再取り込みを防ぐことによって、利用できるセロトニンのレベルを上げる。

抗うつ薬を用いる際の欠点の一つは、何らかの有益な効果が現われるのに数週間を必要とすることである（Mark and O'Sullivan, 1988）。こうした薬はすぐに神経伝達物質の量に効果を現わすので、これは不思議なことである。副作用も見られるが、これは抗うつ薬のタイプによって異なる。ＭＡＯＩとＴＣＡは「不純な（dirty）」化合物であり、多くの身体システムに影響を与える。ＭＡＯＩはもっとも使用されることが少なく、そのほとんどが食事制限を必要とする。タンパク質チラミンを含んでいるチーズ、チョコレート、イースト、バナナ、ヨーグルト、アルコール、鳥の肝臓のような食物を避ける必要がある。チラミンと組み合わさると、ＭＡＯＩは高血圧を引き起こし、脳出血に至ることもある。他の薬、たとえば風邪薬のような薬との組み合わせも危険な相互作用を引き起こす。副作用には尿閉、肝臓と心血管系への損傷、心臓不整脈、口渇、かすみ目がある。しかし、これらの副作用がない、新しく開発されたＭＡＯＩもある（Julien, 1992）。これらは、ＲＩＭＡ、つまり可逆性モノアミン酸化酵素A阻害薬として知られている（たとえばモクロベミド）。

三環系抗うつ薬の副作用には、たとえば、めまい、かすみ目、発汗、体重増加、便秘、集中困難、短期記憶の障害（Richardson et al., 1994）、眠気、口渇がある。とくに老人では、飲酒運転以上の運転障害を引き起こす（Edwards, 1995）。プロザックのような、より新しいＳＳＲＩは副作用が比較的少ないが、それでも吐き気や胃失調、不眠、めまい、頭痛、神経過敏、性機能不全が起こりうる（「セロトニン・シンドローム」ともいう）。ＳＳＲＩは他の抗うつ薬よりも過量摂取の面でより安全で、運転障害を起こしにくいが、一方で非常に高価であり、また最近では、攻撃性と自殺念慮の増加に関連があるという疑いがもたれている（Steiner, 1991）。これらのＳＳＲＩは抗ヒスタミン剤、風邪薬、乗り物の酔い止め錠剤、ある種の鎮痛剤のような薬と同時に服用できない。同時に摂ると、悪影響を及ぼすからである。

一般的な評価

抗うつ薬は短期間にうつ病と不安を治療するのに効果的な方法で、いくつかの報告によれば、60～80パーセントの患者にかなりの改善が見られる（Bernstein et al., 1994）。しかしながら、例外なくすべてのケースで等しく効果的というわけではなく、長期的には心理療法よりすぐれているとはいえないかもしれない

（NIMH, 1987）。キルシュとサピールスタイン（Kirsch and Sapirstein, 1998）による調査は論争の的となったが、抗うつ薬治療を行なった合計2318人の患者に関する19の研究結果が分析されている。その結果、抗うつ薬が偽薬より効果的だったのはたった25パーセント程度で、他の種類の薬、たとえば精神安定薬などより効果的であるわけではなかった。

加えて、多くの患者が服薬を好まない。アンダーソンとトーメンソン（Anderson and Tomenson, 1995）による**メタ分析**（meta-analysis）では、脱落率はＴＣＡを服薬している患者で30パーセント、ＳＳＲＩでは27パーセントだった。副作用が原因の脱落率は、ＴＣＡで20パーセント、ＳＳＲＩで15パーセントだった。

抗躁薬

これらの薬は躁うつ病（**双極性気分障害**（bipolar affective disorder）ともいう）を治療するために使われる。主に使われている薬はリチウムである。それは二つのしくみで作用する。第一に、神経伝達物質ノルアドレナリンとセロトニンの再取り込みを促すか、または放出を阻害することで、それらのレベルを下げる。第二に、リチウムは神経細胞薄膜を安定させると考えられ、そのため神経系での伝達を減少させる。これは、急速に**躁病**の患者を健常化するとともに、長期にわたって気分を安定させる効果がある。

たいていの患者は6～8日以内に効果を示すが、気分を安定させる効果を得るには一年を要することもある。最大80パーセントの患者に有効であり、また、入院の必要や入院期間の縮減に役立つ。抗躁薬は予防手段としても有効である。つまり予防手段として用いることで、将来の気分変動を防ぐことができる（Prien et al., 1984）。他方、使用を中止すると、将来、躁うつ病の症状が出るリスクを増やすことになる（Suppes et al., 1991）。副作用には震え、口渇、吐き気、胃痛、体重増加、腎臓中毒、記憶障害がある。リチウムは毒素であり、また有効量は有毒なレベルに近いものであるため、血中濃度を四～八週間隔でチェックする必要がある（ケース研究２－１を参照）。

ケース研究２－１　双極性障害

スザンヌは自殺未遂後に紹介されて治療を受けにきた大学生である。彼女には、本を書くために徹夜したり、夜中に両親に電話をかけたりするという躁病エピソードがあった。彼女の日ごろの気分変動や、動揺と混乱の全体的なレベルから**双極性障害**であると診断された。リチウムが彼女の気分を安定させるために処方された。しかし彼女は辛抱強く治療を続けることができなかった。副作用が不快であったことと、躁病エピソードで得られる興奮がなくなり、退屈に感じたからである。心理療法を通して、彼女に、新たな躁病エピソードの開始を示す症状を識別する方法を教えることによって、彼女は投薬量を少なくして副作用を減らすことができるようになった（Cipson and Steer, 1998）。

刺激薬

これらの薬は、ほとんどの人にとっては、覚醒レベルや自信を高め、気分を高めるものである。もともと**刺激薬**は無気力やうつ症状の患者を治療するために使われていた。一見逆説的と思われるかもしれないが、**多動**児に使用されることが多く、彼らは刺激薬を服用すると集中力が高まる。この薬は、ノルアドレナリン受容体とドーパミン受容体を刺激するとともに、これらの神経伝達物質の再取り込みを防ぐ働きをする。主な副作用は依存性（耐性）が生じることであり、睡眠、食欲、学習が阻害される可能性もある。したがって、この薬は、行動療法と組み合わせて、短期間での使用に限定して使うほうがよい（Gittleman-Klein et al., 1976）。ケース研究２‐２がその例である。

ケース研究２‐２　多動児

リチャードは教室での乱暴な行動と集中困難を治療するために紹介されてきた。心理査定によって注意欠陥多動性障害（ＡＤＨＤ）であることが明らかになった。ＡＤＨＤは、少なくとも知能は平均であるにもかかわらず、順序立てて行動したり、計画して行動したりすることができないなど、自己統制をとれないのがその特徴である。彼は、アンフェタミン系**刺激薬**である、リタリンという薬を処方された。この薬はこのようなケースの70～90パーセントに有効である。同時に、社会技能、計画立案、自制能力を改善するために心理療法が用いられた。彼は最終的に、学校を卒業して大学に進学した。今では、彼にはもう服薬の必要はなくなっている（Clipson and Steer, 1998）。

薬物療法の評価

一般に薬は、精神疾患の入院患者の数を減らすことに大いに効果があった（しかし入院者数の減少はまた、入院に対する政策の変化も反映していることを指摘しておく）。薬は、気分障害や**精神病**に長期間にわたって安定をもたらし、うつ病の患者の自殺を防止し、そして神経症の患者の不安を減らすのに役立っている。

主な欠点は副作用があることで、これは重要な倫理問題を引き起こす。治療が緊急を要するのでないなら、薬は（患者が同意をする能力がないと思われる場合を除き）患者の同意なしで処方されてはならない。この同意は、薬の効果と欠点に関して十分な情報にもとづいてなされるべきである。そうしてはじめて**インフォームド・コンセント**（informed consent）の倫理上の基準を満たすのである。副作用を別にすれば、薬物療法への主な批判は、精神疾患の症状を減少させることに効果はあるけれども、病気そのものを治すものではないことにある。したがって、ただの化学的拘束服にすぎないという研究者もいる。

◆——電気けいれん療法（ECT）

昏睡状態やてんかん患者の起こすような発作を誘発して精神病を緩和する試みは、1938年のザーケルにさかのぼる。ザーケルは昏睡状態を引き起こすためにインシュリン注射を用いた。同じころ、フォン・メデュナは統合失調症とてんかんは同一患者に同時に生じることはなく（実際には誤りである）、したがって、てんかんの発作を誘発すれば統合失調症を排除することになると考えた。彼はけいれんを誘発するためにいろいろな薬を試した。しかし、けいれんを誘発するためにこめかみへ電気ショックを使用し始めたのは、1938年のツェルレッティとビニだった。

今日、この方法は統合失調症ではなく、重度うつ病の治療に使用される。はじめに用いられた時は、骨折が生じてしまうほどのひどい筋肉けいれんを起こし、治療は脳の大脳皮質の細胞死に結びついた。報告された副作用には記憶喪失、言語障害、心拍停止さえあった（Lickey and Gordon, 1991）。近代的な方法では、患者が恐怖を抱かないよう、全身麻酔を施すのに加え、ショックレベルの低減と筋弛緩剤を併用する。これは緊急治療ではないので患者のインフォームド・コンセントも得なければならない（患者がこの方法選択について判断することができない場合は、別の医師によるセカンド・オピニオンが必要となる）。電極が頭部の両側（頭部の左右に一つずつ）、あるいは片側（通常は劣性半球——右利きの人の場合は右側頭部）に置かれ、電流が流される。110ミリボルト（200ミリアンペア）の電流が0・5～5秒間流れ、顔面にわずかなけいれんが現われる。意識はおよそ5～20分後に回復する。通常4～6回のこのような治療が、数週間にわたって行なわれる。

ＥＣＴの評価

この治療法は、うつ病患者の60～70パーセントに治療効果があることが示されている（Sackheim, 1998）。自殺念慮のある患者に対しては、その効果がすみやかであるという利点があり、今日では利用可能なもっとも安全な医学的治療の一つと見なされている（Smith, 1977; Gross, 1992からの引用）。したがって、妊娠中の重度うつ病治療にも適している。しかしながら、ブレギン（Breggin, 1979）は、動物実験からこの方法が脳損傷を引き起こす可能性があることを明らかにしている。３０８名の患者の調査を根拠としたもう一つの批判では、患者の3分の2が、その治療は有益だと感じておらず、またそのうちの半数が、じつは損害を受けたと感じている（UKAN, 1995）。ＥＣＴは有効ではあるが、その効果は短期間しかもたないという可能性も指摘されている（Sackheim et al., 1993）。

ＥＣＴの欠点の一つは、記憶喪失を引き起こす可能性があることである。とくに、治療直前の出来事の記憶が、その後数週間にわたって喪失されることがある。現在では与えられる電流量が減らされており、また電気ショックを両側でなく片側に施すことが多いため、これはあまり問題ではなくなっている。

その他の主な異議は、ＥＣＴが作用するメカニズムがいまだに解明されていないという倫理上の問題であり、このことをもって、うまく映らないテレビを蹴っとばして直そうとするのと同じ程度の科学性しかないという研究者もいる（Heather, 1976）。ベントン（Benton, 1981）はＥＴＣが作用するメカニズムについて次の三つの可能性をあげている。

1　ＥＣＴは不快な過程なので、単に罰として作用しているのかもしれない。しかし、けいれんをもたらさないようなもっと小さなショックでも同様に不快なのに、治療としての効果はないので、この可能性は少ないだろう。

2　引き起こされる記憶喪失が、習慣的な思考過程に認知的再構築と変更を促すのかもしれない。片側だけにショックを与える方法は最小限の記憶損失しか起こさないにもかかわらず治療としての効果があるので、これも当てはまりそうにない。

3　ＥＣＴによって生化学変化（たとえばブドウ糖や神経伝達物質、タンパク質合成のレベルでの変化）がうながされているのかもしれない、あるいは、細胞膜組織の透過性に変化が起きているのかもしれない。これは現在もっとも有力な可能性である。しかし、このアイデアを支持する研究結果は、今のところまだない。

◆精神外科

精神外科は、脳の領域を少し破壊するか、あるいは脳のある部位と他の部位との接続を遮断してその領域を孤立させる脳手術法である。当該の領域が機能不全に陥っているならば、この方法はその領域が原因となっている精神疾患を軽減することになる。このためいくつかの手術法が考案された。

前頭葉ロボトミー(prefrontal lobotomy)(白質切断ともいう)は、チンパンジーの攻撃性が前頭葉の一部を取り去ることによって減少することが判明したことを受けて、1935年にモニスによって導入された。彼の技法は、側頭部に穴をあけ、当時の鋭利でない器具で接続を断ち切るというものだった。1935年から1949年の間に同様の手術が100件行なわれた。モニスは70パーセントの成功率を主張し、1949年にノーベル賞を与えられた。しかし、彼が、自分の患者の一人に銃で撃たれたという事実は、技法が完全な成功をおさめたわけではなかったことを示している！

この後、フリーマンとワッツは、眼窩から鋭利な器具を脳に挿入する**経眼窩ロボトミー**(transorbital lobotomy)を考案した。これはアメリカで盛んに行なわれ、2万5000〜4万件の手術が1930年代後期から実行された。そのほとんどが統合失調症とうつ病の軽減のためであった。

1950年代以降薬物療法が導入されて、これらのアプローチは以前ほど行なわれなくなり、多くの場合、最終手段としてのみ用いられている。スナイス(Snaith, 1994)は、現在イギリスでは、一年につきおよそ20件しかこの手術は行なわれていないと見積もっている。しかし、他の推定では最高50件と報告されている。主な用途は、重度不安障害やうつ病または**強迫性障害**の治療となっている。現在では精密な外科的技術によって、非常に明確に定められた領域に的確に損傷を与えることが可能になっている。今日のロボトミーでは、額に二つの小さな穴をあけて放射線を当てる棒を挿入する方法や、電極またはレーザー

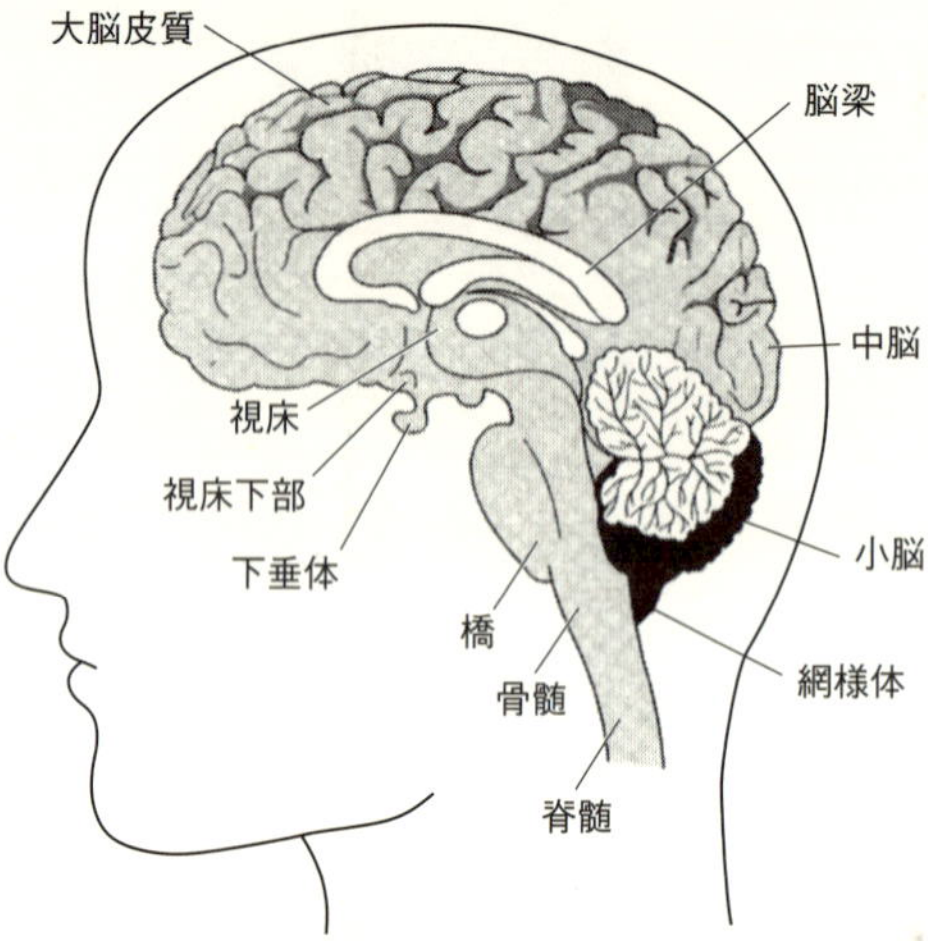

図 2 - 1　脳の前後横断面の主な構造（辺縁系と基底神経節が視床下部と視床の領域を囲んでいるが，それを二次元で図示するのは難しい点に注意すること）

出典: McIlveen, R. and Gross, R.（1996）*Biopsychology*, London: Hodder and Stoughton, p.18.

を使って、限定された領域の組織を焼くことも可能である。たとえば、両側定位脳手術は、辺縁系と視床下部（この二つの小さな部位は脳の深部にある構造。図2 - 1を参照）の間の経路を切る方法で、うつ病の治療に用いられる。強迫性障害には**帯状回切除術**（cingulotomy）が用いられる。この手術では前頭葉前部皮質と辺縁系との結合を切断する（Hay et al., 1993）。攻撃的で暴力的な患者には、**辺縁白質切断**という方法もある。

精神外科の評価

現代の精神外科技術は、以前の一部の技術よりも知的・情緒的障害をあまり引き起こさなくなったようである。以前は、重大な副作用があった（たとえばパーソナリティに大きな変化が起きたり、ときには死に至ることさえあった)。たとえば、ベアら(Baer et al., 1995)は、精神療法の効果が見られなかったため帯状回切除術を行なった18人の強迫性障害患者の長期追跡調査研究を報告している。彼らは機能改善を示し、うつや不安がより軽減され、マイナスの副作用はほとんどなかった。しかしながら、精神外科が常に成功しているというわけではない。また、手術をするとなぜ効果が現われるのかが明らかでないし、個々のケースでの効果を正確に予測することもできない。手術は不可逆的なので、副作用もまた永久に残る。副作用には、創造性の減退、てんかん発作、感情鈍麻、学習能力の障害、過食、記憶喪失、麻痺、無関心が見られる。おそらくこの理由のために、精神外科は通常、もっとも困難なケースだけに限定される。すなわち、薬や心理療法が効かないことが明らかになった場合である。また、患者のインフォームド・コンセントと中立的な立場の医師の判断を必要とする。精神外科の問題がより軽減された最近の成果例を、ケース研究2-3に概説しよう。

ケース研究2-3　吃音治療への脳手術の適用(Fox et al., 1997)

吃音はしばしば心因性障害であると考えられ、心理療法によって治療されることが多い。フォックスと彼の同僚は、吃音者と非吃音者のCTスキャンの比較を通して、話そうとする時に、両者の脳で異なる領域が活発になることを発見した。非吃音者では左半球の言語をつかさどる領域が活動しているのに対し、吃音障害では運動の計画をつかさどる右半球の領域が活動している。**経頭蓋磁気刺激**

（transcranial magnetic stimulation: ＴＭＳ）は、吃音者の脳の中のある特定された領域に一時的に影響を与えることで、状態が回復するかどうかを見るために用いられる。手術により永久的に影響を与えるというより、ＴＭＳは、効果が見られなくなるたびに何回も繰り返して適用される。

◆――その他の身体的アプローチ

ここでいくつか、また別の方法で精神疾患の問題に取り組んでいる現代的な医学的アプローチを紹介しておくのがよいだろう。一つは**季節性感情障害**（Seasonal Affective Disorder）の治療として**光線治療**（phototherapy）を使用する方法である。季節性感情障害というのは、冬の数ヶ月にうつを引き起こす症状である（同様に夏に引き起こすものもある）。この障害は冬の日照時間の減少によるホルモン異常と関連があるとされ、治療には、毎日二時間、明るい光（通常の屋内の照明の六倍の強さ）を照射する方法を用いる（Wehr and Rosenthal, 1989）。さらに最近、夜明けシミュレータという方式が試された。それは、夏の時とまったく同じように、寝室の朝の明るさのレベルを徐々に増やしていく方法である。

もう一つ見込みのあるのが、栄養と行動の関連を調べた研究である。たとえば多動児は、特定の食品や食品添加物、環境毒素に対するアレルギーがあることがわかっている。また、成人の精神病患者は、たとえばカフェインやチョコレートといった物質を受けつけないことが示唆された。食事制限（たとえば多動児にタートラジン添加物を含んでいる飲み物を与えないこと）が、場合によっては有効であることがわかった。たとえば、ファインゴールド食事療法（Feingold, 1975）では、人工および天然の香料や着色料、防腐剤を摂取しないようにする。しかしながら、コナーズ（Conners, 1980）は、食事制限による成功率はたった5パーセントだと指摘している。有効な成果は、食事療法そのものよりむしろ、食事療法に伴って統制感が増加するためだという可能性も指摘されている。

◆――適用性と評価

個別のアプローチについては、それぞれの節の終わりで取り上げているので、ここでは一般的な点を取り上げよう。

身体医学的治療は、精神疾患の多くのケースで効果的であるけれども（すべてのケースとは到底いえないが）、多くの欠点がある。とりわけ、すべてではないにしても多くの精神疾患には医学的な状態以外の要因が関係しており、そして、ほとんどの障害の医学的根拠がはっきりしていないという重要な点を、身体医学的治療は見落としている。サズ（Szasz, 1962）は、原因が本質的に社会的なものである問題には、医学的な治療は適切ではない、という考え方をベースにして議論している。そうだとすると、さまざまな身体療法のもっとも良い活用方法は、障害の主要な症状のいくつかを和らげ、心理療法によってより長期的な変化をもたらすことができるようにすることではないだろうか。ケース研究2‐1と2‐2がこの点をよく示している。

◆──章のまとめ

この章では、身体療法が薬やＥＣＴ、精神外科を用いるものであることを見てきた。使われる薬は、メジャー・トランキライザー（精神病の場合）、マイナー・トランキライザー（不安障害の場合）、抗うつ薬（うつや不安の場合）、抗躁薬（双極性障害の場合）や刺激薬（多動の場合）である。ＥＣＴ（脳への電気ショックの投与）は、重度うつ病の治療に用いられる。脳の一部を除去したり、脳の一部をその他の部分から切り離したりする精神外科は、強迫性障害や重度うつ病の治療に用いられる。これらの治療はすべて効果的でありうるが、配慮しなければならない副作用がある。その影響が永久的な場合は、とくに重大である。身体医学的治療のいくつかは永続的治癒をもたらすものではなく、その効果が一時的な軽減でしかないために批判の対象となっている。倫理的問題にもまた配慮しなければならず、治療の前には患者のインフォームド・コンセントを得なくてはならない。

読書案内

Gabe, J.（1996）'The history of tranquilliser use', in T. Heller et al.（eds.）, *Mental Health Matters: A Reader*.

London: Macmillan. この領域のすぐれた概論と批評。

Silber, K.（1999）*The Physiological Basis of Behaviour*. London: Routledge.（シルバー『心の神経生理学入門——神経伝達物質とホルモン』〈心理学エレメンタルズシリーズ〉苧阪直行・苧阪満里子訳、新曜社、２００５）

神経システムの構造と機能や薬の効能についての概要が明快に書かれており、身体治療を理解するために知っておくと役立つ。

第3章　精神力動的療法

◆一般原理

すべての精神力動的療法は、結局のところ、フロイトと彼に直接影響を受けた弟子である、ユングとアドラーの研究に由来する。フロイトはヒステリーやその他の神経症の治療に関して1885年にシャルコーと、1895年にブロイアーと研究を行ない、それが1897年に精神分析へと発展した。この新しい治療はまたたくまに広まり、1910年までに国際的な名声を得た。ヨーロッパでの精神分析の普及は、第二次世界大戦中はナチスが不承認であったため、制限を受けた（フロイトがユダヤ人であったため）。そして、多くの分析家の避難先であったアメリカとイギリスでより発展をとげた。

フロイト派の理論は、パーソナリティを三つの要素に分ける。それは、**イド**（無意識的、本能的）、**超自我**（道徳的な面）、そして、**自我**（現実に対処して、イドと超自我をなだめようとする仲介者）である。このアプローチによれば、不安とは、本能的な衝動（イド）と、社会から求められる道徳的制約（超自我）との間に起こる葛藤を自我が処理できなくなることによって生じるとされる。これが精神疾患の主な原因となる。症状の違いは、不安を減らすのに用いられる防衛機制の違いから生じる。すべての症状には原因があるが、それは無意識の中に深く隠されているため、意識ではわからない。

精神分析は、分析の過程でこれらの無意識の葛藤を明らかにし（「無意識を意識たらしめる」といわれる）、そして、患者がその葛藤を理性的に処理できるように援助することによって、その治療効果をねらう。そうすることによって、患者から神経症的疾患を取り除き、根本的なパーソナリティの変化をもたらす。精神分析家は、単に症状を治療すること（他の章で扱ういくつかのセラピーが目指す方針）では問題の根本原因を治療できないと考える。つまりそれでは、**症状の置き換え**（symptom substitution）が生じて、代わりの疾患が生じてしまうのである。以上のように、精神分析では一般的に二つの段階を踏む。最初の段階は、抑圧を除去することであり、それにより患者が葛藤とその起源を意識的に知るようになる、すなわち**洞察**を得るようになる。第二の段階は、自我がより適切なやり方で葛藤に対処できるように、援助することである。

フロイト派精神分析

精神分析では、無意識の葛藤を明らかにするために、主に四つの技法を使用する。

・自由連想
・転移
・失錯行為、ボディランゲージ、生理的手がかりを通して漏出する情報の使用
・夢の解釈

これらの後、セラピストがそれについて解釈し、そして、時間をかけて葛藤の**徹底操作**（working through）をしてゆく。全体のプロセスは、安全で秘密が守られるよう配慮された治療環境の中で行なわれる。患者がよりくつろげるように寝椅子が用いられることもあり、その場合、セラピストは患者の後ろに見えないように座る。

フロイトは当初、患者の無意識にアクセスするために催眠を使用したが、すべての患者が催眠にかかるわけではないことと、催眠下での報告をすべての患者が受け入れるわけではないことから、彼は催眠が頼

りにならないと判断した。さらに都合が悪いことに、患者はときにはただ寝入ってしまったのである！それゆえ、フロイトは自由連想に切り替えた。**自由連想**（free association）では、それがどんなにとるに足らないことのように思えても、心に思い浮かんだことを検閲しないで言うよう患者に求める。この背景には、検閲しなければ、無意識の素材が意識へとすべり込む機会がより多くなる、という考えがある。

無意識にアクセスするもう一つの方法は、**失錯行為**（parapraxes）、またはフロイト的失言といわれるものを調べることである。心的決定論の原則に従えば、私たちの行動のすべてには原因があり、事故や言い間違いも例外ではない。たとえば、「人口爆発（population explosion）」と言うつもりが「性交爆発（copulation explosion）」と言えば、それはイドからの重要な「突き上げ」であると解釈できる。無意識の素材が表われるまた別の方法として、現代の分析家も注意を向けていることだが、顔が赤くなるなどの生理的反応や、口調や姿勢などの非言語的手がかりもある。

夢の解釈（dream interpretation）は、フロイトをもっとも有名にした技法のうちの一つである。フロイトは、夢は防衛が弱まる睡眠中に起こるので、無意識の素材が象徴的に表現されたものだと考えた。それゆえ、夢は「無意識に至る王道」を意味している。患者が報告する夢は、「顕在内容」と呼ばれる。これは、無意識的な歪曲の過程（総称的に「**夢の作業**（dreamwork）」として知られている）によって無意識内の素材（「潜在内容」）から作り出されたものである。これは、不安を引き起こすようなイメージ（たとえばペニス）を不安の少ないシンボル（たとえばヘビ）に置き換える、というように働く。シンボルは、抽象的な観念を象徴することもある（たとえば権力を象徴するのに王冠を使うなど）。分析家は夢を解釈するために、夢の内容に対する患者の自由連想や、前の日の出来事についての報告（それは、夢にしばしば加工される）とつなげて調べてみたり、つながりのありそうな他の夢との関連を調べたりする。夢とその夢の解釈の一例を、ケース研究３‐１に取り上げよう。

ケース研究３‐１　ある女性の夢のフロイトの解釈

問題の女性は最近婚約したものの、結婚は延期せねばならなくなった。夢の内容は、誕生日のお祝いに花束を用意することだった。高価なスミレとユリとピンクのカーネーションを、汚いところが緑の紙ですっぽり覆われるよう束ねようとしていた。

フロイトの解釈によれば、花は女性の性器を象徴し、結婚初夜を迎えたいという彼女の願望を象徴していた。誕生日は、赤ちゃんの出産を意味した。高価な花は、処女性に価値が置かれていることを象徴していた。ユリは純潔を表わし、スミレはそれが犯されることを象徴し、そして、カーネーションのピンクは肉の色を示す。汚い部分をすっかり覆うことは、彼女が自分の身体的欠損に気づいていることを表わしている。

転移（transference）とは、患者が、重要な他者についての感情と幻想を、セラピストに向けかえるプロセスである。セラピストとの関係がそれ以前の関係を再現する方法となり、無意識的葛藤の本質について多くのことを明らかにする。セラピストに、愛着だけでなく嫉妬も生じ、しばしば敵意や攻撃性へと至ることもある。

逆転移が起こることもある。逆転移では、自分の感情的問題が未解決であるために、セラピストはクライエントに対して中立のままでいることが難しくなる。たとえば、患者を自分の娘の像と重ねて見てしまうかもしれない。そのため、セラピストは研修中に、この可能性を熟知するために自らが分析を受ける。現代の分析家は、逆転移をそれほど失敗とは捉えず、むしろ避けられない出来事として捉える傾向があり、患者の問題についてより大きな洞察をセラピストにもたらすことができると考えている。

技法の用い方

上で概説した技法はみな、意識的な気づきのレベルを高め、解釈のために使用する素材をセラピストに提供しようとするものである。セラピストはそれらを解釈して、行動の基礎にある抑圧された感情と葛藤を明確にするために、その解釈を適切なタイミングでクライエントに返す。そのような解釈は、今起きていることに対する患者の**抵抗**（resistances）に基づくものであり、また抵抗を引き起こすこともある。解釈は、抵抗がどのように働くか、なぜ抵抗が用いられているのか、そして、抵抗は何を意識の外に追いやろうとしているのかを示す仮説である。解釈の例を、ケース研究3-2にあげた。

ケース研究3-2　狼男――フロイトのケース研究（1918）

この患者は裕福なロシア人の23歳の息子で、彼は服を着ることを含む日常生活のすべての面でうまく対処できないために、紹介されて治療を受けにきた。4歳で彼の行動は崩壊的になり、狼恐怖症になった。彼は、その後自分をキリストに同一化し、多くの強迫観念と強迫行為をもつようになった。彼は自分の姉に性的に接近し、また女の使用人とも性的な接触をもち、淋病に感染した。

治療の過程で、患者は4歳の時に乳母から去勢すると脅されたこと、彼女に対する復讐を望んでいたことを思い出した。これは、スズメバチの羽をむしりとるという彼の夢となって現われた。狼恐怖症は、父に対する彼の情緒的感情から生じている葛藤が表現されたものとして説明された。患者はもし父がこれらの感情を知れば、自分を去勢するだろうと恐れたので、彼は父親の代わりに狼を用いたのだ。狼を彼の恐れの原因と見なすことによって、彼は内面の危険または去勢不安を認める代わりに、自分の外側に危険と不安を位置づけることができた。強迫的な行動をとるようになった理由は、この時に形成された超自我（または良心）が原因とされた。そして、それは患者に、去勢不安の代わりに道徳的な不安を経験させた（彼の衝動は受け入れがたいものだったためである）。これは再び問題を内在化した。そして、それは自我によって無意識へ抑圧され、強迫性障害に至ったのである。

解釈により、うまくいけば、行動の理由と無意識的葛藤の起源について、患者は**洞察**（insight）を得ることができるだろう。この自己認識は、葛藤がもたらすものを徹底操作するための基盤として活用されるだろうし、また、以前よりも効果的に葛藤と対処する方法を見つけるための基盤としても利用できるだろう。用いられていた歪んだ行動や防衛機制は不必要となり、パーソナリティの永続的変化が可能となる。分析の終結は、最後の課題である。しばしばそれ自体が外傷的な過程となるので、注意して行なわなければならず、そして、終結は患者が再び独立するのにもっとも適した時に行なわれなければならない。

精神分析の評価

精神分析は、**神経症**（neuroses）の治療にもっとも適している。フロイト自身、精神分析は精神病の患者には不適当であると考え、精神分析を行なうにはある程度の教育レベルが必要と見なしていた。ルボルスキーとスペンス（Luborsky and Spence, 1978）によってこの評価は確かめられた。ボーカー（Boker, 1992）のような後の研究者は、これらの基準は絶対ではないと主張した。精神分析は、しばしば、**YAVIS症候群**（YAVIS syndrome）（young 若くて、attractive 魅力的で、verbal 言葉がうまく使えて、intelligent 知的で、successful 成功している）の患者にもっとも適するといわれる。

欠点は、精神分析はそのプロセスが長く、一時間のセッションを最低2年間、週5回行なうところにある。このプロセスの間、患者は心理的にとても傷つきやすい状態にあるだろう。また、精神分析のプロセスは、費用が高くつく。一つはとても長くかかるため、もう一つは、通常、NHS（国民健康保険制度）

が利用できないためである。もう一つの問題は、精神分析とそれにもとづくフロイト派の理論には、科学的な根拠が不足していると広く考えられていることである（たとえば Grunbaum, 1984）。この理論では行動を明確に予測することが難しいので、その概念の多くは厳密に確かめることができない。一方、生じた現象に対して、実質的にどんな結果でも精神力動的な用語で説明することが可能である。

多くのケースで事実が曲解されたように見えるので、フロイトのケース研究の信憑性にも疑念がもたれている（Masson, 1988）。たとえばフロイトのもっとも有名なケースの一つであるアンナ・Oは、実際には分析によって治癒しておらず、再発を繰り返している。その他のケースでは、フロイトは患者との関係にかなりの先入観があったように見える。たとえば、親戚から性的虐待を受けたとの患者の陳述はまったくのファンタジーである、というフロイトの主張は、疑問視されている。そのために、セラピーもその報告も、共に操作された可能性があると見なされている。この例を、ケース研究３‐３に取り上げる。

ケース研究3‐3　ドラの症例（Freud, 1905）

ドラ（本当の名前はイーダ・バウアー）は18歳の時、１９００年に彼女の父を介してフロイトの治療を受けにきた。彼女の問題は、うつ、神経性の咳、失声と家族や家族の友人たちになじめないことだった。彼女は最近、父と言い争いをして気を失い、自殺をほのめかす手紙を書いた。彼女の父はK夫人（家族の友人）と関係をもっていた。そして、彼女がちょうど14歳の時、K氏（K夫人の夫）がドラに性的に接近した。二人きりの時に、K氏が彼女にキスしようとしたのである。K氏は、その後これを否定して、それは彼女の空想だとドラの父を説き伏せた。

フロイトの分析は、ドラが自分の父とK氏に恋をしたというものだった。それゆえに、彼女はK夫人を妬んで、性的虐待を空想した。ドラがこれを否認した時、フロイトはこれを抵抗と捉えた。彼女がちょうど三ヶ月後に分析をやめた時、フロイトはそれを男性に対する復讐欲求の現われであると考えた。まるで彼女が治ったようにケース報告は書きあげられた。そこでフロイトは初めて、治療における転移プロセスとその効果について記した。その後の調査（Masson, 1988）によれば、ドラは「不愉快な人間」であるとしばしば記述されているが、彼女の主たる問題は、彼女が言ったことを誰も信じなかったということだったようである。出来事に対する彼女の見方をフロイトが受け入れられなかったことが、問題を悪化させた。マーカス（Marcus, 1985）は、「ドラは、フロイトが彼女のために仕立てた物語の登場人物とされることを拒絶したのだ」と述べている。

精神分析の効果については、第8章で述べる治療の評価に関する幅広い議論の中で詳しく取り上げるが、アイゼンク（Eysenck, 1965）のような批判家の多くが、精神分析はプラシーボ（偽薬）（または「ダミー」）程度にしか効果のない治療である、と主張したことをここで指摘しておかねばならない。しかし、たとえばバージン（Bergin, 1971）のようなアイゼンクの批判者は、アイゼンクが用いたデータを再分析した結果、プラシーボ治療の30パーセントと比較して、精神分析では83パーセントのケースに明らかに改善が見られたと主張している。結果の評価は、治療が長期にわたるために、症状が、治療の結果というよりむしろ自然に消失したのかもしれない（**自然治癒**（spontaneous remission）と呼ばれる）ケースが多くあるために、さらに難しくなる。

◆現代の精神力動的アプローチ

以上に述べた古典的な精神分析的アプローチに加えて、ここで四つの現代の流れを取り上げる。クライン学派の精神力動的治療、遊戯療法、精神分析指向的療法、そして、精神力動的集団療法である。

クライン学派の精神力動的治療

現代のイギリスでもっともよく知られている精神力動的アプローチの一つは、クライン（Klein, 1882-1960）のいう**対象関係論**（object relations theory）にもとづくものである。このアプローチでは、無意識のプロセスと早期幼児期の経験が強調されるが、とくに重要視されるのは、早期に経験した重要な他者との関係がどのような性質のものであったかということである。そのような早期の関係が満足を得られるものだったか、あるいは、失望するものだったかが、後の人生において他者に対する見方の重要な決定要素となる。これは、他者と関係をもつ際の能力に影響を及ぼしうる。一部の人びとは、これらの早期の重要な他者から分離しておらず、したがって、セラピーではこの分離が展開されなければならない。分離をもたらすために、セラピーは、セラピストとの間の好意的な関係を用いて不安を軽減することをねらいとしている。転移が、患者が他者と関係をもつ方法を知るのに用いられる。また、幼少期に起源をもち、自他の認識に影響を及ぼす無意識のファンタジーも探求される。

遊戯療法

遊戯療法は、アンナ・フロイト（Anna Freud, 1952）とメラニー・クラインの研究がもとになっている。この方法は、コミュニケーションの手段として遊びを用いて、早期の感情と葛藤を子どもたちに表現させるものである。遊びが、検閲を受けないコミュニケーション方法として、大人に使用される夢分析や自由連想の技法の代わりに用いられる。絵を描く道具に加えて、おもちゃ（たとえば人や車、家、動物、レンガ、フェンス）が用いられる。無意識のファンタジーを明らかにし、それが現実の対人関係を歪めているやり方を発見することが重要な目的である。転移を通して、初期の対象関係（たとえば母子関係）が見出され、そして徹底操作される。そして簡単な解釈が子どもに伝えられる（ケース研究3‐4を参照）。

ケース研究3‐4　クライン派の遊戯療法（Rosenbluth, 1974）

ある4歳の少年が、妹への嫉妬や、落ち着きなく食べること、睡眠障害で治療に訪れた。セラピーで彼は、彼の悪夢とその世界をどう見ているかを動物を使って示した。ブタは「良い少年」で、小さなブタは彼の妹だった。トラは、すべてのおとなしい動物を食べたがっていた。少年はそれを恐れたが、トラがその小さなブタを食べてしまうことを望んでもいた。

攻撃的なトラは、セラピストと少年の母を表わすのに用いられていた。少年はセラピストも母をも恐れていた。ときにトラは彼自身の貪欲さと報復欲求と母に対する支配力を象徴した。セラピストは少年のためにこれらをすべて解釈した。その結果として悪夢は減少したが、少年の攻撃性を減少させ、より愛情豊かな衝動と置き換えるには、さらに多くの時間がかかった。

精神分析指向的療法

精神分析指向的療法は、短時間に、さらに焦点を絞って精神分析の形式を使用することを目的とし、古典的な精神分析より早く、現在の問題（クライエントが援助を求めている問題）に対処することを目指している。最近では、この種のセラピーが精神分析よりはるかに一般的で、イギリスではＮＨＳ（国民健康保険制度）を利用できる（たとえばストラップ（Strupp, 1993）は、25～30セッションで終了する時間制限療法を使用している）。分析家は患者が直面している特定の問題に直接関連する領域に焦点を絞り、より指示的で、転移は促進されない。現在の生活状況と人間関係に関しても、古典的な精神分析よりもはるかに多く探求される。これらのアプローチの多くはエリク・エリクソンのような自我分析家によって活発に用いられた。エリクソンは自我を重要なパーソナリティ構造と考えて、治療を通して建設的で創造的な方向にそのポテンシャルを高めようとした。

精神力動的集団療法

ユングとアドラー（とくにアドラー）は、集団の中で患者を治療することの重要性を認めた。集団での治療が適している患者というのは、集団で行なう治療過程に参加でき、また参加を望んでいる人びとである。これは、集団に発生する相互交流と感情に対処するために、ある程度、自我が強くなければならないことを意味する。この状況では、自由連想法の代わりに、流れのまま自由になされる議論（すなわち検閲のない議論）を用いる。セラピストとの関係の中で、そして同じくグループメンバーとの関係の中から、早期の関係が明らかにされてゆくが、そこでは転移過程がいっそう重要となる。

現代精神力動的アプローチの評価

現代の精神力動的理論と治療は、いくつかの有益な方向に古典的アプローチを発展し、その柔軟性と有効性を高めた。これら最新の方法が、グループや子ども、そしてより期間が限られた場で使用されるようになり、以前よりもこれらのアプローチが受けやすくなった。とくに、ブリーフセラピーは、時間無制限のセラピーに劣らぬ効果があると思われる証拠が示されている（Koss and Butcher, 1986）。スローンらによる短期精神分析的療法の研究（Sloane et al., 1975）では、それが行動療法と同程度に効果があるとわかった。両方とも、四ヶ月にわたって無治療であった場合より効果的であった。

◆──適用性と評価

精神分析にもっとも適した対象は、教養があり明晰な神経症患者である。しかし、それほど重くない精神疾患にも適用され、子どもやグループにも適用されている。しかし、精神分析は、本来は長期間かけて行なうものであり、その原理には科学的根拠が欠如している。最新の精神力動的療法の結果研究によると、いくつかのケースでは、精神分析は他の治療と同程度に効果的であることが示唆されている。

◆──章のまとめ

この章では、無意識的葛藤を発見し、対処するために、フロイト派の精神分析によって使用される主な技法を概説した。この方法は、もっともＹＡＶＩＳタイプに適したセラピーであると評価されている。精神分析の欠点は、期間とコスト、さらに、フロイトの理論に関する科学的な根拠の欠如や、フロイトのケース研究の一部に先入観が存在することである。その効果についての研究からは、矛盾する証拠が得られている。現代のバリエーションとしては、クライン派精神力動的治療や遊戯療法、精神分析指向的精神療法、精神力動的集団療法がある。より重度の障害に対する有用性はまだ疑わしいが、これらはみな精神力動的アプローチをより柔軟に、より利用しやすくすることに役立っている。

読書案内

Masson, J.（1988）*Against Therapy*. London: Dollins. 十分に調査されており、しかも読みやすい。フロイトについてのすばらしい批評の書。

Dryden, W.（1990）*Individual Therapy: A Handbook*. Milton Keynes: Oxford University Press. 精神力動的治療のさまざまなタイプが、章ごとに簡潔にまとめられている。

第4章　行動主義的療法

◆一般原理

行動の障害が形成されるしくみ

行動理論によるセラピーでは、精神疾患を誤った学習によって身についた不適応行動であると考える。第1章で紹介したアルバート坊やは、恐怖症が学習によるものであることを示す一例である。したがって、

食物			唾液分泌
無条件刺激（UCS）			無条件反応（UCR）
ベルの音	＋	食物	唾液分泌
条件刺激（CS）	＋	無条件刺激（UCS）	無条件反応（UCR）
ベルの音			唾液分泌
条件刺激（CS）			条件反応（CR）

図4-1　古典的条件づけのプロセス

その解決法はその行動を捨て去ることである。学習は、連合（古典的条件づけ）か、強化（オペラント条件づけ）を通して生じ、これらにもとづいたセラピーはそれぞれ行動療法と行動変容と呼ばれている。どちらの場合も焦点となるのはその人の現在の症状であり、過去の原因ではない。

　これらの原理を用いたセラピーをいくつか説明する前に、二種類の条件づけの内容を大まかに理解しておくことが必要である。どちらも、形成されているのは**学習**であり、これは「経験によって生じる比較的永続的な行動の変化」と定義することができる。この定義では、たとえば薬物によって引き起こされるような一時的な状態や、何らかの出来事（たとえば切断手術など）による永続的な状態など、身体的変化によって生じる行動は除外されている。**古典的条件づけ**（classical conditioning）の方法は、1927年にパブロフが行なった犬の唾液分泌の研究に由来する。彼の研究では、食べ物を出す直前にベルを鳴らすことを何回か繰り返すと、犬はベルの音だけで唾液を分泌するようになった。唾液を分泌するという反射反応が、新しい刺激、つまりベルの音と連合したのである。図4-1はこのしくみを示したものであるが、条件づけ過程に含まれるさまざまな要素を説明するのにパブロフが用いた用語も紹介している。

この場合の学習は、次の二つの原理にもとづいている。一つは時間的に近接する連合（たとえばベルの音と食べ物などのように、連合させる刺激を時間的に近接して提示すること）であり、もう一つは**練習の法則**（law of exercise）（この対提示を繰り返すこと）である。このプロセスには、他にも重要な性質がある。その筆頭は**消去**（extinction）である。これは無条件刺激（たとえば食べ物）をなくすことで、しだいに条件反応が現われなくなることをさす。次に、**般化**（generalization）がある。これはもともとの条件刺激に似ている刺激（たとえば似たようなベルの音など）に対しても条件反応を示す傾向のことをいう。もう一つは、**弁別**（discrimination）であり、般化せずに特定の条件刺激に対してのみ反応することを学習する能力のことである。

ここでもう一つ重要なことは、この現象はもともと犬で示されたものだが、こうした学習が人間でも生じることが示されていることである。精神疾患という観点からは、もっとも重要な反射反応は恐怖に対するものである。というのも、もしそれを新しい刺激と連合させることができれば、障害の起源にとっても治療にとっても、重要な示唆が得られるからである。

オペラント条件づけ（operant conditioning）は、はじめは１９１３年にアメリカの心理学者であるソーンダイク（Thorndike）によって「道具的条件づけ」と呼ばれたが、後にこの分野のもっとも有名な研究者であるスキナー（Skinner, 1938）によって名称が変更された。スキナーは、スキナー・ボックス（図４-２）と呼ばれる装置の中で、ネズミやハトがレバーを押したり明かりをつついたりすることで食べ物の報

図4-2　スキナー・ボックス

出典：Hayes, N. *A First Course in Psychology*, London: Harrap, p.235.

酬を得るようになる学習をすることを示した。また、それらの動物は、電気ショックのような不快な結果を伴う行動を避けることも学習した。したがって、自発的行動がどういう結果をもたらすかによって、その行動が繰り返されるかどうかが決まるのである。これは**効果の法則**（law of effect）として知られるようになった。

ある行動の頻度を増やすには（つまり**強化**（reinforce）するには）、可能性が二つある。一つは、その行動の後に食べ物などの正の結果を与えることであり（正の強化）、もう一つは電気ショックなどの負の状態を除去することである（負の強化）。また、何か不快なものを与えること（**罰**（punishment））や快状況を取り除くこと（欲求不満を引き起こす無報酬条件）によって行動の頻度を下げることも可能である。

古典的条件づけと同じく、強化がなくなれば消去が起きる。また、般化や弁別も起きることが示されている。オペラント条件づけの場合、般化や弁別によって反応の幅を広げたり狭めたりすることができ、また反応する刺激の幅を広げたり狭めたりすることができる。たとえば、ネズミが反応としてレバーに飛びつくのではなく、前足を伸ばしてレバーを下に引くこともできるようになる。

この条件づけでもう一つ重要なことは、**行動シェーピング**（behaviour shaping）が可能なことである。シェーピングとは、まったく新しい行動をさせるために、目標に近い行動を段階的に強化していくことである。動物が、目的の行動に近い動きを示すと報酬が与えられるプロセスは、**順次接近法**（successive approximation）と呼ばれている。

恐怖と回避についての**二要因モデル**（two-factor model）において、マウラー（Mowrer, 1947）は、とくに精神疾患の習得にこうしたプロセスを適用している。彼によると、特定の刺激に対する恐怖は古典的条件づけ（第一要因）によって獲得され、反射的な恐怖反応が新しい刺激（たとえばクモなど）と関連づけられる。この不安は不快なものなので、それを減らそうとしてその人はこの条件刺激を避けるようになる。これは負の強化によるオペラント条件づけである（第二要因）。このような反応は、消去への抵抗がきわめて強い（Solomon and Wynne, 1954）。

行動の障害が維持されること

二要因モデルが示すように、ひとたび不適応行動を学習すると、適切な条件が存在するかぎり、その行動が維持されることになる。したがって、治療ではまずはじめに**機能分析**（functional analysis）を行ない、問題となっている行動の維持にどの条件が関係しているか、刺激やきっかけ、強化子を含めて決定しなくてはならない。それには、STARシステムが指針として役に立つ。このシステムによると、次のような点に目を向ける必要がある。

S—状況（setting conditions）　どういう環境がその行動のきっかけになっているか
T—引き金（triggers）　どの出来事がその行動を引き起こしているか
A—先行する出来事（antecedent events）　その行動の前に他にどんなことが起こるか
R—結果（results）　クライエントにとってのその行動の結果はどのようなものか

この分析を行なうことで、セラピーのなかで不適応行動の条件を変化させることが可能になり、うまくいけば治したい行動を変化させることにつながる。使う治療法に応じて、その変化がなるべくすみやかに達成されるように、ゴールとなる変化を設定する。この分析の個別性を考えると、一般的にこのアプローチはグループワークには向かない。

行動理論によるセラピーは、さまざまなセラピーへの扉をひらいたが、二つに大別される。一つは行動療法であり、もう一つは行動変容技法である。次の節でこれらを説明しよう。

行動療法

行動療法は古典的条件づけにもとづいている。ここでは、四つの主要なアプローチについて論じよう。系統的脱感作法、嫌悪療法とカバート感作法（covert sensitisation）、曝露療法（インプロージョンとフラッディング［共に恐怖症患者を計画的に（前者では想像上の、後者では実際の）恐怖の原因に直面させて治癒を図る］）、正の条件づけ、である。

系統的脱感作法（systematic desensitisation）は、ワトソンとレイナー（Watson and Rayner, 1920）の研究成果にもとづいている。彼らは、「アルバート坊や」と呼ばれる幼児がペットの白ネズミと遊ぶたびに、大きな音を立てることによって、ネズミ恐怖の古典的条件づけを行なった（詳細は第1章を参照）。次に、ジョーンズ（Jones, 1925）は、「ピーター坊や」と呼ばれる子のこうした恐怖症が、恐怖対象の代わりに何かを食べるなどの快反応と連合させることによって緩和できたことを報告した。

ウォルピ（Wolpe, 1958）は、この方法を**逆制止**（reciprocal inhibition）と呼ばれるものに発展させた。これは恐怖を克服するためにリラクセーションなどの強力な拮抗反応を用いるものである。これは、拮抗反応が恐怖よりも強いものであることを前提にしており、この状態に至るための方法は二段階に分けられる。まず、リラクセーションのトレーニングを行なう。次に、不安が段階的に刺激程度を上げながら導入される（**不安階層表**（anxiety hierarchy）を用いて行なう）。もっとも不安が低いものから始め、それが恐ろしくなくなった時にはじめて次の段階の刺激に進むのである。試験恐怖の不安階層表の例をあげると、次のような刺激リストから構成され、順により強い不安を喚起するものとなっている。

1　試験の一ヶ月前
2　試験の二週間前
3　試験の一週間前
4　試験の三日前
5　試験の一日前
6　試験の前夜
7　試験問題が配付されるのを待っている時
8　試験会場に入室するのを待っている時
9　試験問題に答えている時
10　試験の朝大学へ登校する時

ウォルピは、「生体の（in vivo）」、つまり実生活上の刺激にさらすことから始めたが、やがてもともとの恐怖レベルをさらに下げるために、状況を想像させる方法を使うようになった。これは系統的脱感作法と呼ばれており、恐怖症に対してよく用いられる、有効な治療法となった。たとえば、マクグラスら

（McGrath et al., 1990）は、特定の恐怖症（広場恐怖のようなより一般的な恐怖ではなく、恐怖が何か特定の対象や出来事と結びついている恐怖症）の約75パーセントに対してこの方法が有効であったと報告している。広場恐怖のような症状であっても、その60～80パーセントで改善が見られたという（Craske and Barlow, 1993）。グレイストら（Greist et al., 1997）が紹介した最近のシステムに、BTステップと呼ばれるものがある。これは、強迫性障害に対して電話で脱感作の方法を用いた自己治療の方法を提供するものである。専門家に登録してもらってから、クライエントはコンピュータのシステムに接続して、何がきっかけで恐怖を感じるか、そしてその恐怖はどの程度深刻かを設定する。そして当面のゴールを決めることができ（たとえば、トイレの便座を触った後、一時間手を洗わない）、恐怖が克服されるまで目標をしだいに困難なものにしていくのである。この方法は、コスト面できわめて利点が大きい。

一方、**嫌悪療法**（aversion therapy）は、薬物依存（アルコール中毒やタバコの喫煙、向精神薬の乱用を含む）や性的逸脱などの好ましくない行動を実行する時の恐れを高めるために用いられる。たとえばアルコール中毒の場合、条件刺激（CS）であるアルコールを摂取する直前に、**催吐薬**（emetic 吐き気や嘔吐を引き起こす薬物）を無条件刺激（UCS）として使用する治療法がある。薬物が引き起こす吐き気は無条件反応（UCR）だが、しだいにアルコールという条件刺激（CS）に対する条件反応（CR）となっていく。その結果、アルコールを避けるようになる。この連合を持続させるために、催吐薬（たとえば「アンタブス（Antabuse）」）を遅効性のカプセルにして皮膚下に埋め込むこともできる。

一般的に、この方法の有効性は低いことがわかっている。たとえば、ウォーラースタイン（Wallerstein,

1957）によると、アルコール中毒患者で嫌悪療法を受けた者のうち、一年後に改善を示していたのは24パーセントだけであったという。しかし、留意すべきは、こうした疾患はいかなる方法でもきわめて治療が難しく、再発率も一般に高いということである。

嫌悪療法は、このような不快をもよおす方法を用いることに倫理的な反対があるため、今日ではあまり一般的とはいえない。しかし、ラングとメラメド（Lang and Melamed, 1969）が指摘するように（ケース研究4-1参照）、倫理を考慮する時は、コストと利益の両方を考える必要がある。

ケース研究4-1　倫理と嫌悪療法（Lang and Melamed, 1969）

患者は1歳の赤ちゃんで、命の危険があるほど嘔吐が続いていたが、医者は身体的に明確な原因が見つけられず、この治療を紹介した。その子には、嘔吐の兆候を示すたびに足に1秒間の電気ショックを与えるという嫌悪療法が施された。二セッションの治療で嘔吐は止まり、二週間で体重が26パーセント増加した。三週間でこの子は退院した。五ヶ月後には、身体的にも心理的にも、健常であると判断された。

嫌悪療法を用いたアルコール中毒の治療は近年進歩し、倫理的な反論を考慮に入れている。そのシステムは、「ひと嗅ぎ、ひと含み、そして吐き出せ（Smell, Swish, and Spit の頭文字でSSS）」と呼ばれており、催吐薬を与えた上で患者にアルコールの匂いを嗅がせ、一口だけ含ませ、そして吐き出させるというものである。このやり方でも患者の気分は悪くなるが、アルコールを飲み込まないので、嘔吐することはない（Cannon et al., 1981）。

嫌悪療法のバリエーションに**カバート感作法**（covert sensitisation）と呼ばれるものがあり、これは好ましくない行動を思い浮かべ（性的逸脱など）、想像のなかで、たとえば逮捕されるなど不快な結果と結びつけていくやり方である（Cautela, 1967）。このやり方がもともとの方法と同じくらい有効であるかどうかははっきりしないが、倫理的な問題は少ない。

無条件刺激（UCS）なしに条件刺激（CS）を繰り返し提示すると条件反応（CR）が消去される、という消去の法則にもとづいているのが、**曝露療法**（exposure therapy）である。現実生活では、その人は問題となっている対象や状況を避けるので、通常これは起こらない。想像のなかで接触するようにする（イン・ヴィトロ（in vitro）（試験管内の）と呼ばれる）プロセスは、**インプロージョン**（implosion）と呼ばれる。実際に接触を行なう時（in vivo（生体の）と呼ばれる）は**フラッディング**（flooding）と呼ばれる。後者の例として、ウォルピ（Wolpe, 1973）は自動車恐怖をもつ少女のケースについて記述している。彼女は、自動車に乗って、恐怖が治まるまで四時間、あちこちドライブさせられたのである。こうした方法は、恐怖症などの問題では早くて効果的であるが、引き起こされるストレスも強いため、注意して用いなければならない。一般に特定の恐怖症には、フラッディングのような現実に接触させる方法のほうが、インプロージョンなどの想像を用いる方法よりも有効である（Menzies and Clarke, 1993）。

正の条件づけ（positive conditioning）は、古典的条件づけの法則を用いており、何らかの反応をなくすのではなく、新しい学習を身につけさせるものである。初めてそのやり方を使ったのはマウラーら（Mowrer and Mowrer, 1938）で、彼らは、**夜尿**（おねしょ）をなくすのに用いた。彼らは、膀胱がいっぱいになることと、起床しそれを空にすることが連合されていないのだと考えたのである。これは「ベル・パッド」法と呼ばれることもある。というのも、患者が水分を感知するパッドの上で寝て、排尿が始まるとすぐにパッドが反応してベル（ＵＣＳ）が鳴るからである。それで患者は目を覚まし（ＵＣＲ）、尿がもれないよう膀胱の括約筋が収縮する。何回かこれを続けるうちに、膀胱が膨張するだけで（ＣＳ）括約筋が収縮し（ＣＲ）、排尿を防止するようになる。

◆――行動変容の技法

これは、オペラント条件づけの法則にもとづいている。ここでは、単純な行動変容、トークン・エコノミー、刺激飽和、負の訓練という四つのアプローチを取り上げる。

単純な行動変容（simple behaviour modification）は、強化を用い、しだいに好ましい行動を形成していく順次接近法という過程を経る。アイザックスらによる例を、ケース研究４‐２にまとめた（Isaacs et al., 1960）。

ケース研究4-2　単純な行動変容（Isaacs et al., 1960）

患者は40歳で、緊張型の統合失調症で19年間も言葉を発することがなかった。セラピストは、彼がチューインガムを見た時に、無表情な視線に変化が生じることに気がついた。そこで、ガムを強化子として用いることになったが、それはこの患者がポジティブな反応を示すのはガムだけだったからである。患者にガムを一つ提示し、彼がガムを見れば報酬としてガムを与えた。次は、彼が唇を動かした時にだけ報酬を与えるようにした。シェーピングというこうしたプロセスによって、彼がまず音を発するようにし、次には「ガム」という言葉を、そしてついには他の言葉をというように続けられた。六週間後、この患者はセラピストに自発的に話し始めた。

ロバースら（Lovaas et al., 1977）は、食べ物を報酬として用いて、**自閉症**の子どもたちから言葉を引き出している。正の強化子を使って、肥満した患者が体重を減らすことや拒食症患者が体重を増やすこともできた（Bachrach et al., 1965）。いずれの場合も、目標に近づいたら報酬を与えた。

好ましくない行動をなくすためのセラピーでは、罰を与えるよりも消去を使うほうがより効果的であることが明らかにされている（Crooks and Stein, 1991）。たとえば、子どものかんしゃくは、注目されることが目的であれば、罰を用いることでかえって増えてしまうかもしれない。一方、かんしゃくが無視されれば、注目されず（つまり、強化が得られずに）消去に至るだろう。これが「タイムアウト」と呼ばれる技法である。

トークン・エコノミー（token economies）とは、目標となる行動が現われた時にスタッフがすぐに報酬を与えることが難しいような施設で使うために開発されたオペラント・システムである。好ましい行動の直後に報酬を与えると効果がもっとも高いが、すぐに報酬を与えられない場合がある。アリオンとアズリン（Allyon and Azrin, 1965, 1968）は、ベッドメーキングや着替え、洗濯、人との交流、ナイフやフォークを使って食べることなどの目標行動の達成に対して、その直後に報酬を与える代わりに、スタッフがトークンを与えるシステムを作り上げた。患者は、それらの行動の後日ないし時間がたってから、このトークンを、テレビを見たり、外出したり、特別な食べ物などの特典と交換することができる（この研究の詳細については第11章を参照）。

このアプローチは、精神病院で長期の精神病患者や知的に遅れのある患者、老人ホームの入所者などに用いられ、効果をあげてきた。衛生や整頓、自己有能感、社会的相互作用にかかわる行動が増え、暴力的な行動は減少した。しかし、こうしたアプローチは強化を与える上で一貫性が求められ、訓練を受けたスタッフが必要である。また、多くの場合、トークンが与えられない状況になると（たとえば患者が退院するなど）、これらの好ましい行動が維持されなくなる。

刺激飽和（stimulus satiation）は、ほとんどの強化子は十分に得られれば魅力がなくなるという原理にもとづいている。アリオンとアズリン（Allyon and Azrin, 1965）は、この原理を使って病的な盗癖がありタオルをため込むケースの治療を行なった。患者は、これ以上できないというまで体の回りにタオルを巻きつけ、ベッドと部屋もタオルで満たしていた。看護師たちに、タオルを取り上げるのでなく、もっと彼女に与えるようにさせると、やがて患者は自分でタオルを取り除き始めた。

負の訓練（negative practice）は、顔のチックや吃音などの学習された行動を過度に行なうと、疲労の結果、やがてこうした行動が消去されるという原理にもとづいている（Yates, 1958）。クラーク（Clark, 1966）の研究では、**トゥーレット症候群**（Tourette's Syndrome）の患者の治療にこのアプローチを用いている。トゥーレット症候群は、突発的に汚い言葉を言うなどの反社会的な行動を抑制することができないという特徴を示す。患者は、一分間自分のお好みののしり言葉を言い続け、一分間の休憩をはさんでまた繰り返すことをできるかぎりの回数求められた。

◆適用性と評価

適用性

行動療法的な技法がもっとも向いているケースは、はっきり特定でき観察可能で予測できる行動があり、環境の中にその行動の引き金がある場合である。マークス（Marks, 1981）は、この技法は精神病以外の精神疾患の約25パーセントに対してもっとも向いている治療法であると結論づけた。患者は、協力的でモチベーションが高くなければならない。効果が高いのは、恐怖症、社会的スキルの欠陥、強迫症状、性的障害、吃音や夜尿など不適応な習癖、肥満などの摂食障害、心身症、知的な遅れに伴う問題などである。精神病や薬物依存、または全般性不安をもつケースには、全体的に見てそれほど向いていない。精神病や薬物依存では、問題行動が生物学的あるいは社会的要因により継続されているので、学習だけでは障害行動を取り除くのに十分でない。全般性不安をもつケースでは、治療の対象となる行動や状況を特定しにくいので、治療が困難である。

評価

行動療法的アプローチに対する最大の批判は、非倫理的で操作的であるというものである。これまで見てきたように、用いられる方法自体が不快な場合もある。また、どの行動を変化させるかという決断をセラピストがすること、そしてそれが社会的な操作の一種と考えられることも指摘されている。こうした理由で、最近の臨床家たちは、もっと患者をまじえて決定したり、共同作業で目標を設定したりしている。依然として問題なのは、この治療法は（多くの身体的アプローチと同様に）、症状（目に見える行動）だけを扱い、原因を扱っていないということである。精神力動的な理論家によれば、これでは代わりの症状を引き起こしてしまうというが、実際にどの程度そういうことが起きるかという点では、現場の意見は一致していない。しかし、前述したように、強化をやめると再発するというのは、もちろん考えなくてはならない問題である。

行動療法的な技法はしっかりした理論にもとづいているが、本当にこうした理論からセラピーが導き出されたのか、それとも起きたことを正当化するために理論が使われているのか、不明確だと指摘する研究者もいる（Malleson, 1973）。実際、理論だけにもとづいて、どの症状にどのセラピーが有効であるのかを予測するのは難しい。

この治療法の良いところは、多くの場合、変化が生じるのがとても早く、その人がもつ機能の広い範囲に影響を与えるのではなく変化はきわめて特定的であり、治療の間、日常の機能が妨げられることが少ないことである。

◆──章のまとめ

この章では、古典的条件づけとオペラント条件づけについて見てきた。これらは行動療法的な治療の土台となる基本原理である。古典的条件づけに基礎を置く行動療法は、系統的脱感作法、カバート感作法や嫌悪療法、逆制止法、曝露療法、正の条件づけなどを含む。オペラント条件づけに基礎を置く行動変容の技法は、単純な行動変容や、トークン・エコノミー、刺激飽和、負の訓練を含む。こうしたアプローチは、精神疾患の広い範囲をカバーしてきたが、引き金が環境の中にあることがはっきりしている神経症にもっとも適しているようである。この治療法は効き目が早く、作用が特定的で、日常生活を妨げないという利点がある。短所としては、原因ではなく症状を扱うという点や、こうした方法で身についた行動は他の状況に般化しないかもしれないということ、セラピーと行動主義理論との整合性が低い場合が多いということなどがあげられる。また、こうしたアプローチは操作的で、患者の自由な意志を奪うものであるとして、倫理的な面でも批判されている。

読書案内

O'Sullivan, G.（1990）'Behaviour therapy', in W. Dryden, *Individual Therapy: A Handbook*. Milton Keynes: Oxford University Press. 主だった原則の概要が簡潔にまとめられている。

Toates, F. and Slack, I.（1990）'Behaviourism and its consequences', in I. Roth（ed.）, *Introduction to Psychology*. Hove: LEA. 行動主義者の原理の背景が、たくさんの批判的評価とともに、とても読みやすくまとめられている。

Watson, J. and Rayner, R.（1920）'Conditioned emotional reactions', in R. Gross *Key Studies in Psychology*. London: Hodder & Stoughton, 1994. 「アルバート坊や」のオリジナル論文が、批評コメントとともに載せられている。

第5章 認知療法・認知行動療法

◆一般原理

理論

はやくも1940年代に、学習に関するトールマンの研究で、純粋な行動主義の理解（前の章で紹介した）では十分でないことが指摘された。それは、学習に思考過程がかかわっていることを無視しているためである。トールマンは「目的行動」と「期待」について述べており、この二つの用語とも、行動決定に際しての思考と知覚（すなわち認知）の重要性を強調したものである。たとえば、ティンケルポー（Tinkelpaugh, 1928）による研究では、サルに報酬としていつもバナナを与えていたが、このサルが注意をそらしたすきにバナナをレタスに入れ替えると、サルは紛れもない欲求不満のサインを示した。そして、サルはバナナを探し、ときどき実験者に対してキーキーと叫び声をあげた。

１９６５年に、バンデューラは**社会的学習理論**（social learning theory）を発展させ、観察と模倣による学習を重視した。また、バンデューラは、学習はすぐ行動に表わされるというよりもむしろ、将来使用するために「備蓄」されうることを示した（**潜在学習**（latent learning）として知られる）。これらの過程はみな、認知が学習における重要な要因であることを意味している。

セラピー

治療の領域においては、ラックマンとホジソン（Rachman and Hodgson, 1980）が、精神的問題には行動的要素、認知・感情的要素、生理的要素があるとし、**スリーシステム・アプローチ**（three systems approach）を提案した。これは、研究者が明白に見てとれる行動以外の領域を探求することを促進した。認知行動療法（cognitive-behavioural therapy, ＣＢＴ）は、過去よりむしろ現在に関心を向ける点で、行動療法に似ている。それはまた、世界との相互作用は、私たちに起こる出来事について解釈したり推論したりするプロセスを介してなされる、という一般的な仮定に立っている。これらの認知プロセスは歪曲されてしまうことがあるが、認知プロセスは意識的にアクセスでき、人にはそのプロセスを変える力がある。たとえば、拒食症患者については、自分の体型を誤認している（過大評価している）と見なすことができる。うつ病の患者は、過剰に自分の失敗を意識しすぎているといえる。

歪曲とならんで、精神疾患の人びとは自動的に否定的な思考をする傾向があり、自分ではコントロールできない。たとえば、「私にちゃんとできることなんて何もない」などと考える。内容を歪曲したりかく乱したりしてしまう背後には、偏っていて固定的な認知スキーマ（または精神的構造）があり、それが外からの情報を自分の見方に合うよう操作する。たとえば、ポジティブな出来事や成功は、自分が失敗者であるという見方に合わせるためにフィルターにかけられて排除されてしまう。

目的

認知療法の目的は、以下の三つである。

・症状を緩和し、問題を解決する
・クライエントが対処方略を生み出せるよう援助する
・クライエントが心にもっているスキーマを変えられるよう援助する（それによって、再発を防ぐ）

ティーズデール（Teasdale, 1997）によると、このセラピーの重要な特徴は、クライエントに**メタ認知**を教えることである。メタ認知とは自分自身の思考について考える能力である。思考や感情は、自分の中の変えることができない要素ではなく、また受け入れるべき事実というよりむしろ、客観的に吟味することができ、必要に応じて変えることができる心の中の出来事と見なされる。これらの目的は、クライエントに思考プロセスをモニターさせ、現実に対してその思考プロセスを検証することを指導することで達成される。

段　階

ベックとエメリー（Beck and Emery, 1985）によると、このプロセスは四つの段階に分けることができる。

1　患者の問題を概念化する――　問題の核心は何だろうか？　たとえば、ストレスによる疲労は、自分自身や他者との人間関係について否定的に思考してしまうために生じている場合がある。

2　治療計画を選ぶ――　これは、クライエントの性質とセラピストの好みによって変わる。もっとも一般的に使われるものは、以下のとおりである。

・**距離をとり、気持ちを問題からそらせる**　クライエントは自分の思考について客観的な観察者となり、あたかも遠くから自分を見るように促される。この方法は、自分に対して抱く強力な否定感情を弱めるのに役立つ。気持ちを問題からそらす方法は、問題が起こった時に何か他のものについて考えることで不適応な考えを抱く頻度が減るようにするための技法である。

・**自動思考に立ち向かう**　クライエントに、これらの**自動思考**を検証するための実験を行なわせたり、その考えが正しい、あるいは間違っているという証拠を探させることで、自動思考の妥当性に疑問を投げかけることができる。たとえば、クライエントが言うことやすることすべてが間違っているということがありえるだろうか？

・**潜在的にもっている仮定に立ち向かう**　これもまた、実験を行なったり、仮定の利点と不利を説明することによって行なうことができる。たとえば、自分は役に立たない、あるいは誰にとっても無益であると思うことは、自分にとって有益だろうか？

・**症状への対策技術を作り上げる**　自己主張、時間管理、人付き合いなどの技術が不足しているかもしれないが、それは指導することができる（たとえば、ロールプレイを使う）。

技法を選択する――これには候補がいくつかあり、その多くは行動主義的アプローチに由来する。たとえば以下のような例がある。

・**ソクラテス的問答**　信念を支持する証拠、または信念に疑問を呈する証拠を探す。

・**否定的な自動思考を特定する**　クライエントに、それらに気づき、記録するよう教えることを含む。

・**否定的な自動思考を修正する**　以下の方法で行なわれうる。そういう思考が妥当であると示す証拠があるかどうか確かめるために現実を検証する。別の考え方を探してみる。別の説明を探す。再帰属する（ここでは問題となっている行動にこれまでとは別の説明をつける）。大惨事のように考えるのをやめる（クライエントに、起こりうる最悪の出来事と、その結果を考えるように言

3

う。それはそれほど恐ろしい結果ではないかもしれない)。ある特定の行動の取り方について、その利点と不利な点を考える。また、行動主義にもとづく次のような技法も使われる。リラクセーション。段階的に課題を課す。実際に試してみる。課題の達成度合いとそこから得られる喜びを評価する。いつもただ考え心配するのではなく、積極的に参加し行動するよう計画を立てる。新しい行動をロールプレイしたり、リハーサルしたりする。アウェアネス・トレーニング(クライエントが自分の現在の身体的・思考的プロセスに気づくようにし、そこに選択とコントロールの余地があることに気づかせる)。

4 技法の有効性を評価する——これはプロセスの重要な部分であって、第8章と第10章でさらに詳しく扱う。大事なことはクライエントはみなそれぞれが異なり、したがって反応のしかたも異なるということを認識することである。

◆――認知療法のさまざまなアプローチ

セラピスト自身がもつ理論背景にもとづいて、セラピストごとに用いるアプローチはそれぞれ異なる。その幅を知ってもらうために、ここでは、ベック、エリス、マイケンバウム、ケリー、バンデューラを取り上げてみよう。

ベックのアプローチ（Beck, 1967）――自動思考の治療

ベックは、前節でまとめた戦略と技法の多くを考案した。うつ病に関する彼の業績としては、認知的歪曲（cognitive distoritions）と否定的自動思考（たとえば「私は、落後者である」）の重要性を指摘したことがあげられる。これらは四つのタイプに分けることができる（Beck, et al., 1979）。

恣意的推論　事実にもとづいた証拠がないままに、状況や出来事、経験を解釈する。その解釈は自己評価を低めるようなものになる。

選択的抽出　文脈から離れて細部にこだわり、他の情報を無視して、それらの細部だけにもとづいて結論を出してしまう。

過度の一般化　一つの例から一般的な結論を出す。

過大視と過小視　出来事の重要性を過大評価あるいは過小評価する。

これらの歪曲がうつの**認知的三つ組**（cognitive triad）を導くと見ることができる。それは自己を否定的に捉えたり（私には価値がない）、現在の経験を否定的に考えたり（すべてのことがわびしく思え、私はどうしていいかわからない）、将来を否定的に捉える（決して何も良くならない）ことである。このような些細な出来事を大惨事のように捉える思考に、セラピーは挑戦しうる。たとえば、うつ的な生徒には、

問いかけを行なうことで、実際には試験ではいつもうまくやっていたのだから、何の問題もなく大学入学に必要な成績をもらえるのだ、という結論に導くこともできるだろう。

このアプローチは主にうつ病に適用されるが、また、恐怖症の治療、不安と人格障害（Beck and Emery, 1985; Beck and Freeman, 1990）、そして、摂食障害（Andrews, 1991）にも使用されている。セラピーには、通常三ヶ月間、15～21時間のセッションが必要である。ラッシュらによれば（Rush et al., 1977）、薬物治療グループの20パーセントと比較して、ベックの認知療法を12週間行なったうつ病患者のうち、79パーセントが非常に改善された。この差は、その後の追跡調査でも維持されていた（ケース研究5－1参照）。

ケース研究5－1　フィリッパ（Moorey, 1990）

フィリッパは45歳の司書で、緊張と不安のために相談にやってきた。彼女は自己評価が低く、母が彼女に対して批判的だと感じていることが明らかになった。頻繁に行なう否定的な思考のなかには、「私には何の価値もない」というものがあった。治療を通して、状況とそれに関連する否定的思考を彼女がモニターすることで、その思考と距離をとることができるようになった。その否定的な思考が問題として取り上げられ、彼女は自分の思考の多くが出来事に対する誤解に由来していたことに気づいた。たとえば、彼女は自分が間違いをするから夫が怒っていると思っていたが、実際には夫よりはるかに自分のほうが間違いに動揺していた。彼女に他の否定的思考（たとえば「私は、本当にどうだっていいんです」）の証拠をあげてもらい、そうではないことを示す証拠のほうがずっと多いことを示した。
夫が何回かセッションに参加し、妻に対してもっと率直に励まし、彼女の反応を不合理なものとしてはねつけないように助言がなされた。10回のセッションの後、彼女の自己評価は改善され、緊張が減り、治療は終了した。

エリスのアプローチ（Ellis, 1962, 1991）——論理情動療法

認知再構成のもう一つのタイプは、エリスの研究から生まれた。エリスは精神疾患で苦しむ人びとにはうつや罪悪感などの不適切な感情に至る非合理的信念（イラショナル・ビリーフ）があると主張した。その信念の代わりに、それに抵抗できる考え方を身につければ、彼らはそのような感情の問題で苦しむことはなくなる。たとえば、彼らは自分が誰からも好かれないから社交的な招待を受けないと決めつけているかもしれない。しかしそれよりもありがちなのは、自分が忙しい時が多いとか、自分も招待することに関心がないということである。非合理的な信念とそれに代わる合理的信念（ラショナル・ビリーフ）の例が、表5-1にまとめてある。

エリスの**ABCモデル**（ABC model）では、きっかけとなる出来事（A：Activating event）または障害

表5-1　非合理的信念と合理的信念の例

非合理的信念	合理的信念
私は完全でないといけない	私は完全を目指すよりも現実的であることを望む
事がうまくいかない時、人生はひどいものとなる	事がうまくいかない時でも、私はその状況で精一杯がんばれる
私は大切な人からの愛情と承認を必ず受けなければならない	愛と承認はすばらしいが、ないといけないものではない

A	きっかけとなる出来事や障害 （例：社交的な招待を受けない）	
B	**非合理的信念** （誰も私を好きでない）	**合理的信念** （おそらく，私が他人にあまり関心をもたなかった）
C	**望ましくない感情や行動** （動揺を感じ他者を無視する）	**望ましい感情や行動** （失望と関心をはっきりと示す）

図5-1　ABCモデル

が、出来事についての信念（B：Belief）につながり、それは合理的なものでも非合理的なものでもありうる。そして次に感情面や行動面で結果となって現われる（C：Consequence）。図5-1に示すとおり、信念の性質が結果の性質を決定する。

論理情動療法（RET）では、セラピストは、ベックの認知再構成化法におけるよりもずっと積極的で指示的である。行動として実際にやってみる宿題が出される。論理情動療法は不安、怒り、うつ、そして反社会的行動の治療に有効だとして適用されてきたが（Haaga and Davison, 1993）、たとえば不安障害や広場恐怖症のような障害には効果が少ない。主な批判は「非合理的」

信念のいくつかは、ほとんどの人がもつ信念より実際に正確であるということである。そして、この現象は「抑うつ性リアリズム」または「より悲しいが、より賢い」効果として知られている。たとえば、うつ病患者は統制群より災難の可能性をより正確に判断する（Alloy and Abramson, 1979）。これは、じつは、何が非合理的信念であるのかを定義するのは難しい、ということを意味している。

マイケンバウムの自己教示訓練法（Meichenbaum, 1976）

このアプローチは、クライエントが「自己対話」のかたちで、自分に与える指示をより適応的なバージョンに変えるよう励まされるならば、行動変化をもたらすことができるとする。これらの心の中での対話（内的対話）は、治療の場で声に出して外的に話され、議論される。そして、内的対話に対処するための方法（コーピング戦略）ができていく。これらの方法には、リラクセーションや、心の中での指示（自分に向かって、その考えよ「止まれ！」と言うようなもので、「思考中止法」と呼ばれている）やロールプレイがある。自己教示はとくにストレスの多い状況に対処する際に重要で、マイケンバウムは「ストレス予防訓練」を開発した。この方法では、最初に、ストレスの多い状況でどう考えるかが尋ねられる――たとえばそれに、「私にはどうにも対処することができません」と答えるかもしれない。次に、「心配は助けにならない」「一度に一つずつ」「不幸中の幸い」などの、より肯定的な自己言明をしてみるよう励まされる。そして、たとえば「良くなってきた」などの自己言明を強化する。

この方法は、産業分野でのストレス管理方法として、また試験恐怖や会話恐怖の治療、恐怖症、統合失調症や多動児に適用されている。

ケリーのアプローチ（Kelly, 1955）――パーソナル・コンストラクト療法

ケリーは経験と個人性の重要性を強調したために人間性心理学者と見なされるが、この理論は、広い意味での認知的アプローチと見なすことができる治療法を形成することにつながった。ケリーによれば、私たちの世界観や自分自身に対する見方は、私たちの個人的に構成《コンストラクト》したもの、たとえば「善―悪」のような、私たちが世界を理解するために使う概念によって色づけられている。これらの構成物は、これから起こることを正確に予測できると思われているかぎり、維持されるだろう。セラピーを必要とする人びとは、不適切な構成によって「立ち往生」しており、自分自身や自分が抱える問題を評価する別の方法を見つけるための援助を必要としている。そのために、パーソナル・コンストラクト理論では、多種多様な技法がセラピーを必要とする人びとを援助するために用いられる。それらの技法のいくつかを次に概説しよう。

パーソナル・コンストラクト療法で使用される技法

1　**レパートリー・グリッド**　クライエントが使用する構成は何か、そしてクライエントがどのように自分や他者を見るか知るための手続きである。時間の経過に伴う変化を見るのに役立つ。

2　**ラダーリング（はしご登り）**　クライエントは、しだいに、より抽象的なレベルで構成を説明するように求められる。たとえば、クライエントが攻撃的な人より親和的な人を選ぶのは、親和的な人

は自分を攻撃しなさそうだから、とその根拠を説明するかもしれない。次に、クライエントに、攻撃されることがなぜ問題なのか説明するよう求めると、クライエントは、その状況にどう対処していいかわからないから、と言うかもしれない。

3 **ABCモデル**　クライエントは、それぞれの構成の両極の利点と不利を説明するよう求められる。再び「攻撃的」対「親和的」の例を取り上げよう。攻撃的行動は、他者からいじめられないという利点があるかもしれないが、友好を失う不利がある。親和的行動は、これと逆のパターンを示すだろう。

4 **自己性格描写**　クライエントは、自分が劇中の主役であったら、という設定で性格描写を求められる。

5 **役割固定療法**　セラピストは、役割固定スケッチを用いて、クライエントがもしかしたらそういう人物になれるかもしれないと思えるような新しい人物像になるまでそれを修正しながら、その役割を新しいバージョンに改訂していく。クライエントは、二、三週間、この固定された役割を演じなければならない。この目的は、変化が可能であること、そして、変化することで他者がこれまで自分に対して示していたものとは違う反応をするようになることを、クライエントに確信させることである。

このアプローチの治療への適用性は、セラピストの臨機応変さに強く依存する。クライエントが言葉を流暢に使い、セラピストとクライエントの間で文化的に期待されるものが共有されているとやりやすい。実際には、内向的な統合失調症患者または粗暴なクライエントには難しい。一般的には集団療法には適用できないが、集団療法に適用した例が若干ある（たとえば Beail and Parker, 1991）（ケース研究5 - 2を参照）。

ケース研究5 - 2　ローウィーナ（Fransella, 1990）

ローウィーナは35歳の未婚のキャリアウーマンで、異性との関係が長続きしないという問題を抱えていた。彼女の自己性格描写では、彼女は温かくて愛情があり、家庭を求めていて、一人でいることへの不安があるということだった。セラピーでは、彼女の母親が早期に彼女を拒否したことで彼女自身が人から拒絶されていると感じるようになったと仮定された。そしてこのことがさらに拒絶されることに至りそうな行動パターン（あまりに初期の段階で男性を愛で息もつけないようにするような行動）へとつながった。

異性との新しい関係の機会が得られとき、それまでとは違う新しい行動（男性に先導させるような行動）を実際に行なってみることが勧められた。新しい関係がうまくいったと思われたため、10セッションで彼女は治療を終了した。

バンデューラのモデリング（Bandura, 1969, 1977）

バンデューラの**モデリング**は、観察と模倣についての社会的学習理論を使用している。クライエントは望ましい行動をしているモデル（実物か、録画）を見せられ、この行動を模倣するよう奨励される。適切な模倣には強化が与えられる。このセラピーの認知的側面は、観察された行動をクライエントがどのように心の中で表現するかである。それが模倣を導くのであり、それに強化が与えられる。たとえば、ヘビ恐怖症のクライエントは、ヘビと遊んでいたり、ヘビを体に巻きつけていたりするモデルを提示される。バンデューラ（1971）は、この方法はあらゆるケースで恐怖の除去に成功したと主張した。恐怖症のほかに、たとえばソーシャルスキル・トレーニングやアサーティブネス（自己主張）訓練、暴力的犯罪者の攻撃的行動を減らすためなどに適用されている。バンデューラは、この方法が効果をもつのは基本的に、**自己効力感**——統制できている、効果的な行動をすることができる、対処することができるという感覚——を増すからであると見ている。

◆ 適用性と評価

適用性

認知療法はうつ病の治療として始められて以来、広範囲にわたる疾患に適用されてきた。恐怖症、パニック発作（第11章の Clark et al., 1992を参照）、摂食障害、全般性不安、ストレス、性的問題や反社会的行動などに試みられてきた。認知療法が少なくとも薬物と同じくらいこれらの疾患に効果的であり（Hollon et al., 1992）、また、長期にわたる追跡調査によると再発率の低さと関連が見られる（Evans et al., 1992）。

しかし、ジェームズとブラックバーン（James and Blackburn, 1995）は、認知療法が強迫性障害にはあまり有効ではないと指摘する。慢性かつ疾患が重いほど（とくに幻覚と妄想があるならば）、認知面からの治療に反応を示さないだろう。それにもかかわらずハドック（Haddock, 1998）は認知療法が早期診断の（病歴が長いクライエントとは異なって）統合失調症患者の幻覚に効果的な治療であろうと報告している。正常の範囲であれば、クライエントの知能が問題となることはないと思われるが、クライエントは自分の問題に対する何らかの洞察を得ることのできる能力がなくてはならない。カップル療法や集団療法にも、適用の可能性がある。

評価

認知療法は通常長期治療ではないので費用効率が良い。認知療法はＮＨＳ（国民健康保険制度）でよく使用されるようになってきている。しかし、訓練されたセラピストが不足しているため、まだ広く利用可能とはいえない。認知療法は、自己の隠された恐怖をあまり深く入り込んで探りたくなく、精神力動的アプローチを避けたいクライエントに好まれる。

しかし、認知療法は、行動的アプローチのように、原因よりむしろ症状に焦点を合わせているとして批判されてきた。クライエントにセルフヘルプの方法を提供するので、認知療法は行動療法ほどには操作的でないといわれている。しかし、どの思考が受け入れられるかを判断しているのはセラピストなので、倫理的な問題がまったくないとはいえない。

章のまとめ

この章では、精神疾患は誤った認知から生じ、それは治療によって修正できるという見方を基礎とした治療的アプローチを扱った。ベックの自動思考治療は、否定的な思考を取り除くことを治療の基礎に置いており、うつ病の治療に成功した。エリスの論理情動療法は、不適切な感情と不適切な行動に至る非合理的な思考に対処することをねらいとするもので、うつ、怒り、反社会的行動に効果がある。マイケンバウムの自己教示訓練は、ストレス、不安、多動の援助に自己対話を用いる。ケリーのパーソナル・コンストラクト療法は、クライエントの構成、すなわち自分の周りの世界の解釈のしかたを調整するよう試みる。バンデューラのモデリングの手続きは自己効力感を増すために望ましい行動をデモンストレーションしたり、ロールプレイすることで、ソーシャルスキル・トレーニングに役立てたり、恐怖症のクライエントのために用いられたりしてきた。認知行動療法は一般的に費用効率が良く、感情を基盤としたアプローチより論理を好むクライエントに好まれるが、倫理的問題が完全に払拭されているというわけではない。

読書案内

Blackburn, I.（1984）'Cognitive approaches to clinical psychology', in J. Nicholson and H. Beloff（eds.）, *Psychology Survey*, vol.5, BPS. 基本的な方針およびさまざまなアプローチ方法を的確におさえている。

Prentice, P.（1995）'Rational-Emotive Therapy', *Psychology Review* 2（2）November 1995, 28-31. 他の多くのテキストでは取り上げられていない治療アプローチを簡潔におさえている。

第6章 人間主義的療法および社会－文化的アプローチ

一般原理

人間性心理学は、精神分析と行動主義に続く心理学の「第三勢力」と呼ばれてきた。人間性心理学では、精神疾患は、人間として成長していくために個々人がもっている可能性が阻害されることによって起こると考えるので、ほとんどのセラピーでは、このような阻害するものを取り除き、クライエントが本当の自分自身に気づくことができるよう援助することを目的としている。そのための方法はそれぞれのセラピーにより大きく異なっているが、次のような共通したテーマがあるといえる。

1　主観的体験（感情や思考、身体的プロセスを含めて）やその体験が心身一体的《ホリスティック》であることを重要視する。

2　人は誰もがみな、成長する能力をもち、主体的に機能する能力をもっている（つまり、選択したり、自分の選択に責任をもつなど）。

3　人は、それぞれの人生の目的となるような意味をもっており（Frankl, 1959）、行動（とくに創造的な行為）や、審美的な体験、愛情にあふれた関係を通して、この目的を達成することを重視する。

4　自己概念の発達には、適切な条件を整える必要がある（Rogers, 1959）。

5　これを達成するためには、**自己実現**（自分の可能性を現実のものとすること）や適切な至高体験（啓示の瞬間）、変性意識状態（瞑想など）が必要である（Maslow, 1954）。

6　情緒的経験の一環として喜びの感情を経験することを重要視する。

7　真正性。とくに実存主義者たちは、その人の唯一無二の自己アイデンティティを確立し、彼らが真正性（authenticity）と呼ぶ生き方をすることの重要性を強調する。そうすることによって、自分自身や自分が生きている環境を知り、理解を深め、自分の人生の目的に向けて成長すると考えられている。

これまで見てきた他の治療的アプローチ（とくに精神力動的療法）と同様、人間主義的理論もしばしば、理論から治療法が発展したというよりも、その逆であるように見える。理論と実践の関連があまり強くない例も見られる。一般に、クライエントの自己理解と真正性を高めるという点が共通しており、それが人としての成長を促し、結果的に自己実現をもたらすと期待されている。この目的を達成する方法はきわめて多岐にわたっており、ここでは、包括的にリストアップしたというよりも、もっとも広く使われ、定評のあるものを選んだと考えてほしい。

◆──人間主義的アプローチ

ロジャーズの人間中心療法（Rogers, 1959）

このアプローチの目的は、セラピストとクライエントとの関係を通してその人の成長を促進することである。焦点を合わせるのは、過去ではなく現在である。すべてのセラピーのなかで、これはもっとも指示的ではない。というのもロジャーズは、人は自分の問題を通してもっと考えることができるようになり、自分で決断できるようになってはじめて成長すると考えたからである。セラピストの役割は、「積極的な聴き手（active listener）」として、成長が生じるような信頼と温かさのある雰囲気を提供することである。精神疾患の多くは、クライエントの自己概念と一致しないような他者からの要求によって、自己概念が脅かされた結果であると考えられている。たとえば、頭の良い人が、大学に行かずに家にとどまるべきだという親の期待のため、自己発達が阻害されてしまうかもしれない。温かく、思いやりがあり、評価しない関係においてのみ、クライエントは自分自身であることを脅かされないと感じ、成長することができる。ロジャーズによれば、この雰囲気は、中核的な三つの条件がどの程度提供されているかによるという。そして、それが整えば、治療によりほぼ確実に変化が生じるという。その概要は次のとおりである。

人間中心療法の中核条件

1 **誠実さ**（**真正性**または自己一致（congruence）ともいわれる）はもっとも重要であり、セラピストが距離を置いた白衣を着た臨床家ではなく、一人の人間として自然に振る舞う必要があることを意味している。これは、セラピストが自分の考えや感情を自覚し、また、必要に応じて、それらをクライエントに伝えることが必要だということである。いかなる偽りもクライエントには気づかれてしまうだろうし、そうしたらクライエントはセラピストを信頼しなくなるだろうとロジャーズは考えた。したがって、正直であることが重要だが、同時に言えることは、セラピストは自分の感情をクライエントに押しつけるべきではないということである。

2 **無条件の肯定的な尊重**（unconditional positive regard）は、クライエントがありのままの自分が何の条件もなく受け入れられていると感じるプロセスのことである。クライエントは安心でき、好かれていると感じるが、それは他の人から受けてきたであろうものとは違い、自分が何を言うか、何をするかには関係なく好かれていると感じることが重要である。

3 **共感的理解**は、他の**中核条件**よりも訓練しやすいとロジャーズは考えた。これはクライエントの視点から世界を見て、クライエントがどのように感じているかをセラピストが理解する能力である。これは、他者の感情への気遣いを表明する「同情」とは異なる。これはある程度、**反射**の技法を用いて、理解したことが合っているかをチェックすることで達成できる。反射とは、発言を要約して、クライエントにセラピストの理解が合っているかフィードバックすることである（たとえば、「あなたがおっしゃったのはこういうことですか？」、あるいは「ではあなたが言っているのは……ですね。」など）。

こうした条件が与えられれば、クライエントの自己概念はより自己一致したものとなる。つまり、自己概念がもっと肯定的になり、行動もそれに一致したものになる。フリック（Frick, 1971）によると、次のような変化が見られるという。

次のようなことを気にしなくなる　外見を気にすること、べき主義、つまり外側から押しつけられた義務や他人からの期待に応えること。

次のようなことを心がけるようになる　正直であることに価値を置き、そして自己とそれにまつわる感情を受容する。自分で進むべき方向性を決める。過去や未来よりも現在に目を向ける。他者への理解を深め、他者とより深い関係を求めるようになる。あらゆる体験にもっと寛大になる。

ロジャーズのもっとも有名なケース研究を、次に要約しておこう。

ケース研究6-1　オーク夫人（Rogers, 1961）

オーク夫人は30代後半の主婦で、夫婦関係や家族との関係で困難を抱えてセラピーに訪れた。セラピーの初期（五回目の面接）で、彼女は今の自分の体験をもっと意識するようになり、問題にわずらわされることが少なくなったと報告した。ロジャーズはそれを、セラピーに特徴的な変化と見なした。「それは図式的に、クライエントが『私は問題を解決するためにここに来た。そして今私は、私自身を経験していることに気づいた』と感じることと言えるだろう」。

30回目の面接までには、オーク夫人はセラピストの肯定的な温かさと関心が伝わってきたと話した。セラピーの終了後に彼女は、以前は自分は他の人からの肯定的な感情を受け入れることが難しかったので、このことは何よりも印象に残る体験だったと語った。そしてそのおかげで今度は、「自分が他の人のために、他の人のことを心配し、深く気遣うことができるようになっているのに気づいた」と彼女は述べた。33回目の面接は、もう一つ重要な展開を引き出した。彼女は自分をありのままに受け入れ、さらに自分のことが好きになった。セラピーの終わりに近い34回目の面接では、彼女はこう述べた。「見返りや罰が強要されない場所にいるということが、自分自身を見つけだす方法なんだと、心底私には思えます。それは――本当に重要なことです。私にとって、まさに自由に向かって進むことなんです。」

評価

ロジャーズ派のセラピーでは、自分で決断できるようにするための技術を伸ばす手助けをし、それに伴う責任もクライエントにゆだねる。クライエントは、何をすべきかセラピストから言われることはない。このセラピーは侵入的なものではないので、治療法のなかでもっとも倫理的なものだといえる。精神疾患だけでなく、援助的介入が求められる他の多くの分野でも応用されてきた。**カウンセリング**としては、職業選択や職場での相談、死別カウンセリングや育児カウンセリング、そしてサマリタンズ（電話相談機関）などの団体でも用いられている。カップルのための結婚相談やグループでの治療（「エンカウンター・グループ」（Rogers, 1970）として知られている）にも役立っている。グループでの治療は、セラピストの時間が節約されるだけでなく、クライエントどうしがお互いに学び合うことにもつながる。

精神疾患の治療に関しては、ロジャーズですら、この方式のセラピーは比較的しっかり生活に適応している人にもっとも効果的であると考えていた。統合失調症のような深刻な疾患にも適用されたことはあるが、こうしたケースではこれが最適の治療法とはいえず、身体医学的な治療がより多く選択されている。

また、柔軟性がなく、権威主義的で、構造や指示を必要とする人や、感情よりも論理に目が向く人も、この方法で効果を得るのは難しいだろう。

このセラピーに対する批判としては、究極的にはこれは正の強化にもとづいており、したがって行動療法の一形態にすぎないという人がいる。たとえば、トゥルアクス（Truax, 1966）は、クライエントが前進していることを示す発言をする時にロジャーズがしばしば無条件の肯定的な尊重を示すことを指摘した。他には、セラピストが提供する安全な雰囲気は、日常生活では得られない非現実的な状況であると批判する者もいる（これに対する明確な答弁として、たとえばスメイル（Smail, 1987）は、調整が必要なのはむしろ日常生活のほうだ、と述べている）。人はみな生まれつき善であり、無条件の肯定的な尊重に値するという考え方も、たとえば反社会性人格障害などのような場合には受け入れがたい。

効果を調べる研究では、カウンセリングが不登校（Rose and Marshall, 1974）や医療現場（Ashurst and Ward, 1983）で効果的であったという研究結果がある。ミッチェル（Mitchell, 1977）は三つの中核条件の重要性を調べ、誠実さがなければ温かさや共感の効果が減るという意味で、誠実さが鍵となることを見出した。しかし、パーロフら（Parloff et al., 1978）は、効果はセラピストの誠実さや共感とは関係がなかったという結果を出している。

バーンの交流分析（Berne, 1964）

これは、自我状態の概念にもとづいている。自我状態は、親（社会の禁止をになう）、子ども（衝動的で快楽を求める）、大人（合理的な状態）という三つの形態から一つをとることができる。私たちの行動はその時の自我状態によって規定され、そしてその自我状態自体は、その時私たちが置かれている社会的な相互作用次第で変化する可能性がある。私たちは他者と交流する時、自我状態を意図的に操作的に使うことがある（これを「ゲーム」と呼ぶ）。たとえば、相手に親の役割をさせるために、意図的に子どもの役割をとることもあるだろう。一つの自我状態だけが支配的になると、精神疾患が引き起こされることがある。

交流分析（transactional analysis: ＴＡ）の目的は、大人の自我状態を発達させることで社会的なコントロールを身につけることである。グループでワークが行なわれ、自我状態にいかに気づき、理解するか、そしてそれが「ゲーム」中に、他者からの「ストローク」（関心）を得るためにどう使われるかを、クライエントに教える。

交流分析のもう一つの方法として、**脚本分析**（script analysis）がある。脚本とは、人が自分の生を生きる時に用いる人生全体にわたる方略である。幼少期に身につけたものは、その後にはもはや適切ではなくなっているかもしれない。こうした自分のあり方への気づきを高めることは、それを修正する助けになる。

評　価

交流分析は精神分析を基盤としているが、「今、ここ（here and now）」をもっと強調する。結果についての研究は少ないが、これはとくにアメリカで、精神疾患の程度が重くない人によく使われるアプローチである。また、交流分析では、コミュニケーションの困難の問題を分析するためにグループワークを用いるので、後で述べるコンジョイント療法（conjoint therapy）の先駆けと見なすこともできる。

パールズのゲシュタルト療法（Perls, 1969）

このセラピーは、精神疾患は自己や全体性（これが「ゲシュタルト」という言葉の意味である）への気づきが妨げられた結果だという信念にもとづき、このような気づきをもっと高めることを目的とする。焦点を合わせるのはまさに現在（または「今、ここ」）だが、ここではセラピストは非常に指示的である。パールズは、さまざまな技法を「ごまかし（gimmick）」だと言い、それらを使うことに反対したが、そのためかかえって、じつに多くの技法が用いられてきた。典型的に、セラピーはグループで行なわれ、順番に各人に焦点を合わせていく。その目的は、それぞれに自分は誰で、何を感じているかに気づかせ、自分の決断や行動、感情についての責任を受け入れるよう促すことである（「オウニング（owning. 所有すること）」として知られている）。たとえばロールプレイのかたちでドラマが用いられることもあり、人間関係における両方の立場を交互に演じたりする。その一つである「**エンプティ・チェア・テクニック**（empty chair technique）」（空の椅子技法）という技法では、クライエントはまず相手が椅子に座っていると想像しながら椅子に話しかけ、次にその椅子に移動して相手側の役を演じる。また、気づきを高めるために、クライエントには、話す時にはたとえば「～みたいです」という代わりに「私は～と考えます」というように、一人称を使うよう求める。感情をもっと自覚するよう、感情を増幅したり誇張したりすることもある。こうした技法は後でクライエントが自分で使うことができるので、その後も気づきのレベルを維持することができる。

評 価

ゲシュタルト療法は非常に人気があり、とくにアメリカでそうであるが、その有効性についてはほとんど研究されていない。この章の他のセラピーもほとんどそうだが、そうした研究を行なうのはとても難しい。なぜなら目的や方法がさまざまで、そしてクライエント一人一人に合わせて変わるからである。このセラピーには、人によって向き不向きがあるかもしれない。この種の、感情的でドラマチックなエンカウンターグループでは、萎縮してしまう人もいる。

◆社会精神医学

コンジョイント療法（家族療法）

コンジョイント療法（conjoint therapy）は、クライエントを含む家族成員とセラピストが共に面接に臨むセラピーで、そこでは、そのクライエントの家族全員を一つの単位として扱う。このアプローチが始まったのは、入院患者が家庭に戻った時にしばしば再発してしまうのは、クライエントが示している問題が家族機能全体のあり方を反映しているためではないか、と考えられたからである。したがって、家族が変化することが、クライエントの変化よりも重要ということになる。

このセラピーの目標は、家族成員間の相互作用のあり方によって引き起こされた問題の理解を深め、その相互作用を調和的なものにすることである（Gurman et al., 1986）。このアプローチはさまざまな理論モデル（精神力動的なものなど）に合わせて応用できるが、とくに現象学的な理論と関連が強い。

ジャクソンとウィークランド（Jackson and Weakland, 1961）やベイトソンら（Bateson et al., 1956）の著書によると、家族成員の交流のしかたを分析し、間違ったコミュニケーション・パターンや困難な関係（たとえば誰が誰に話しかけるか、誰が支配的で誰が依存的か）などを特定するという。そのため、言語的なコミュニケーションと非言語的コミュニケーションの両方が分析される。そして、家族成員間の障壁や誤解、過度の依存などを見出し、調節する。

変化は、幅広い理論背景に呼応して、さまざまなかたちで引き出される。たとえば、家族の中の特定の誰かとの交流を増やすための宿題が出されることもある。「思いやりの日（Caring days）」も導入されるかもしれない。これは、夫婦が交代に、その日一日相手のために尽くすというものである（Stuart, 1976）。相手からの強化（支援）と、問題解決や摩擦を減らすスキルを高めるための認知面での変化が重要である。傾聴するスキルと、相手が言ったことを明確化する技法も役に立つだろう。

評　価

家族療法は、はじめは統合失調症患者の家族に対して導入されたが、最近では性的な問題（LoPiccolo and Freidman, 1985）や拒食症（Rosman et al., 1976）の治療にも用いられている。20の研究結果のメタ分析によると（Hazelrigg et al., 1987）、さまざまな種類の問題で有効であることが示された。ガーマンら（Gurman et al., 1986）によれば、これは夫婦間の問題に個人療法よりも有効であり、統合失調症と広場恐怖の治療で役立つことが証明されたという。一般的に、若いカップルにはいっそう有効のようである。

環境療法

これはジョーンズ（Jones, 1953）が導入したものだが、患者が改善するには施設の社会的環境を変える必要があるという主張にもとづいている。この一例として、クーパー（Cooper, 1967）によるヴィラ21についての報告がある。大きな精神病院の一区画が一つのコミュニティとされ、そこでは患者（あるいは住民）とスタッフとの区別はなく、何か決定事項がある場合は合同のコミュニティ・ミーティングで議論された。その目的は、施設に収容されているという感覚を減らし、住民の自尊心と責任感を高めることであった。

評　価

こうした試みは比較的短期間のものが多い。たとえばヴィラ21は4年間であった。施設側の制約によりさらに継続することはできなかったが、こうしたユニットが地域の中に確立される道をひらいたとクーパー（Cooper, 1967）は考えている。「一歩前に進むということは、究極的には精神病院から地域へと一歩踏み出すことだ」という。クーパーの報告の要約を、ケース研究6 - 2にまとめておいた。

ケース研究6 - 2　統合失調症の家族療法および環境療法（Cooper, 1967）

42人の統合失調症患者が、**精神安定薬**や他の身体医学的治療や個人療法を減らして、家族療法と**環境療法**によって治療された。入院期間の平均は三ヶ月で、全員が入院から一年以内に退院した。このうち、17パーセントは退院後一年以内に再入院した。再入院しなかった者のうち70パーセントは、自立して生活していくことができるようになった。

治療的コミュニティ

レイン（Laing, 1960）とクーパー（Cooper, 1967）によって設立されたキングズレー・ホール［ロンドンの東端にあるコミュニティセンター］やアーバーズ協会［ロンドン北部にある共同住居型のコミュニティ］などは、クライエントが自らの「自己発見の旅」（彼らの精神疾患はこのように考えられた）を続けられるよう、安全な環境を提供することを目的とするものだった。セラピストとクライエントが共同生活をし、クライエントの体験を共に探り、新しい方向性に向かう成長を応援しようとした。セラピストが用いたやり方はさまざまだが、これは、治療が成功するための一つの鍵は柔軟性であると考えられたためである。セラピストは先入観をすべて捨て（したがってこれは実存的アプローチにとても似ている）、クライエントを変えようとするのをやめる必要があった。会話を通して、クライエントの世界の見え方が明らかになり、基本的な仮定や自己欺瞞が見つかり、人間の条件の限界や個人的決断の意味を自覚するようになった。そして、クライエントは、変えることのできないものを知って折り合いをつけたり、変えることができるものに取り組めるようになる。

評　価

こうした実験的コミュニティの試みは稀であり、いまだ正確に評価されていない。成功例（芸術家として成功をおさめたメアリー・バーンズ［キングズレー・ホールの患者だった］など）は注目を浴びやすく、失敗例は注目されない。評価する際の一つの問題は、こうした治療では治癒の基準がないため、治療に明確な終了がないことである。したがって、ある人にとって治療がうまくいったのかどうかを決めることが難しい。ロッサーら（Rosser et al., 1987）が結果を調べたところ、5年後の追跡調査では、90パーセントが仕事に就いていたという。

これらのアプローチはほとんどの人に有益だろうが、パーソナリティのタイプによって、とくに合う人とそうでない人がいるだろう（たとえば、ゲシュタルト療法は開放的で社交的な人に向いているだろう）。ロジャーズ派のセラピーは主として神経症や、おおむねよく順応している人たちに用いられてきたが、**治療的コミュニティ**は主として統合失調症を対象にしてきた。結果的にあらゆるタイプの障害に試みられてきたが、その成功度はまちまちである。一般的には、こうしたアプローチは、世界のあり方に疑問を感じて疎外感を抱いている人や、あるいは喪失体験のような重大な変化を克服しようと取り組んでいる人に適している。言語能力は重要でないが、意味を求めようと努力することは重要である（van Deurzen-Smith, 1990）。

これらのセラピーが基本的に利己的であると見なす人は多い。他の人のことを考慮に入れることなく、ある人の成長を促進しようとするからである。その意味では、東洋哲学を重視しているにもかかわらず、これは典型的に西洋のものであるように見える。他には、実用的であるには現実の世界から遠くかけ離れていると考える人もいる。たとえば、社会的な圧力の度合いを考えれば、多くの人にとって自由意志など幻想にすぎない。また、他には、セラピーの効果についての議論に関連する問題がある。前述したように、治癒とは何かという合意がなければ、評価することは難しい。しかし、こうした問題以上に、この立場のセラピストが有意義な変化であると感じているものを測定する方法を、科学は提供できるのかという問題もある（Yalom, 1980）。

◆章のまとめ

この章では、人間主義的療法および社会–文化的アプローチの多岐にわたるセラピーに共有されるテーマについて見てきた。どのセラピーも、クライエント個人の視点から世界を理解することや、クライエントの自己理解や成長を促すことを強調している。

ロジャーズの人間中心療法は、中核条件を三つもち、クライエントの知覚している自己と理想の自己を一致させることを目指している。これはカウンセリング・ムーブメントの基礎を築いた。パールズのゲシュタルト療法は、自分への気づきと全体性の感覚を高めることを目標とし、社交的なタイプの患者によく用いられる。バーンの交流分析は、自我状態を分析することで、他者へのより適切なかかわり方を発達させることを目指している。**社会精神医学**は、コンジョイント（家族）療法や環境療法、治療的コミュニティを使うことで、個人に重点を置かなくなった。その目的は、クライエントの成長が促進されるよう、社会的環境の質を改善することである。

これらのアプローチは、ある特定の疾患に有益であるというよりも、あるタイプの人にとって有益である。結果に関する研究は少ないが、こうしたセラピーは現実の世界からかけ離れており、利己的な身勝手さを助長してしまうとの批判がある。

読書案内

Graham, H.（1986）*The Human Face of Psychology*, Milton Keynes: Oxford University Press. 詳細で読みやすいテキスト。評価も的確である。

Perls, F., Hefferline, R. and Goodman, P.（1973）*Gestalt Therapy*, Harmondsworth: Penguin. 実践の創始者の持ち味をよく伝えている。

Rogers, C.（1961）*On Becoming A Person*, London: Constable（ロジャーズ『ロジャーズが語る自己実現の道』〈ロジャーズ主要著作集３〉諸富祥彦・末武康弘・保坂亨訳、岩崎学術出版社、２００５）ロジャーズの理論について読みやすく説明されており、また説得力がある。テキスト全体を読まなくても、一部だけでも読む価値がある。

第7章 異常心理学の研究方法

◆研究の一般原理

異常心理学では、さまざまな問題に応えることを目指して研究が行なわれている。

・第一に、統計をとり、さまざまな精神疾患の**有病率**（prevalence）を調べる。

・第二に、たとえばインタビューや質問票調査をして精神疾患に対する**態度**を探求する。
・第三に、たとえば**疫学**的研究、ケース研究あるいは実験によって、精神疾患の**原因**を探る。
・第四に、いろいろな技法を使用した研究によって治療の**効果**を評価する。

これらを達成するために、さまざまな研究方法や技術が用いられている。多くの点でそれぞれ相違はあるが、すべてに長所と短所があり、共通の基礎に立ち、目的も似ている。すべての研究方法がその基礎を科学に置いている。すなわち、観察し、観察から検証可能な陳述（「仮説」）を引き出し、その仮説を検証することによって進められる。最終的に検証によって仮説が支持されたなら、それらは理論をつくる基礎として用いられる。理論によって、行動を理解し、かつまた行動を予測しコントロールすることができるようになる。図７－１にこのプロセスを示した。

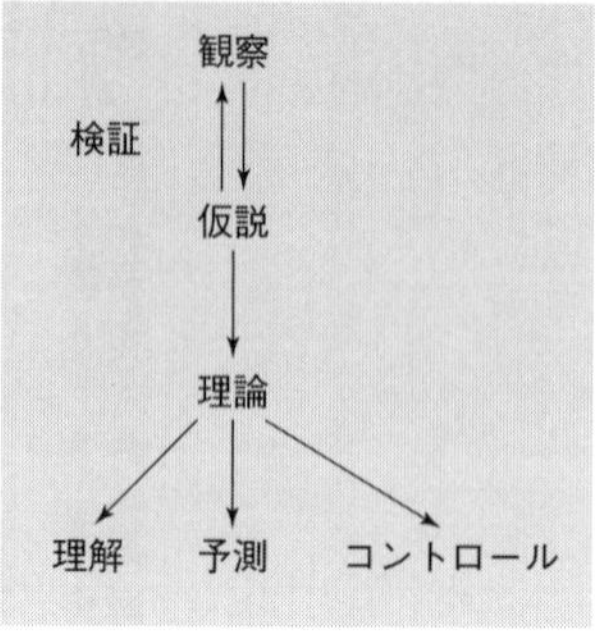

図７-１　科学的な手順

科学的アプローチが受け入れられるとすれば（そして、すべての心理学者が実際それを認めているわけではないことは、ここで指摘しておくべきであろう。たとえば人間主義的心理学者は、人間の経験の複雑さを取り扱うには、それはあまりにも機械的で、個別性が十分に扱われていないと見なしている）、それは調査の方法にどんな意味をもつだろうか？　ここで考慮すべきポイントが三つある。客観性、信頼性、妥当性である。

客観性

研究が客観的なものであるためには、研究を行なう者の行動や期待によって偏りが出るようであってはならない。これは、たとえ誰が研究を行なっても、同じ結果にならなければならないことを意味する。これを達成するためには、すべての参加者について同じ行動を測定できるよう手順を標準化して用いなければならない。たとえば、攻撃性を測る尺度では、実験参加者が変わっても同じ行動が現われたら同じように評価されなければならないし、また、評定者が変わってもみな同じ方法で同じ尺度を使い、同じく解釈すべきである。場合によっては、研究の仮説を知らない研究アシスタントを使うことも必要である（「二重目隠し法」と呼ばれる）。評定者によって結果に特定の方向への影響を与えられることがまったくないようにするためである。

信頼性

信頼性（reliability）を得るためには、さらに、一貫性の原則を守る必要がある。信頼性を得るためには、研究者が変わっても同じ方法で行動を測定すればよいだけではなく、測定が行なわれる時間も場所も研究参加者が違っても、すべての研究結果が同じでなくてはならない（もちろんそれらが広く比較可能であることが条件である）。同様に、同じ研究参加者が繰り返し測定されても、みなが同じ結果にならなければならない。

妥当性

妥当性（validity）とは、その研究が測定していると主張するものを本当に測っているかどうか、ということである。これは、いくつか異なる観点から調べることができる。「内的妥当性」は、測定された効果がその原因にもとづくとどの程度言えるかを調べることによって判断される――つまりそれは偶然の結果ではないといえる、ということである。何か影響を及ぼす別の原因を考慮していなかったということはないだろうか？　たとえば、統合失調症の要因に関する早期の研究では、健常者と比較して体内のヨウ素レベルが異なることが指摘された。だがこれは病院食が不十分だった結果であったことがわかり、その研究は妥当でないと見なされた。

「外的妥当性」は、サンプルによる研究結果が、他の人びとや他の場所（「環境的妥当性」として知られる）、他の尺度（「並列的妥当性」として知られる）にどれくらい一般化できるかをいう。たとえば、ある薬が統合失調症患者のある群に効果的であったとして、それはすべてのタイプに有効だろうか？　入院環境において効果的であっても、同様に日常生活環境でも効果的だろうか？　効果は全般的だろうか、あるいは行動の一部の側面に限定されたものだろうか？　自己報告と観察の結果とは、同じだろうか？

どの研究方法を選択するかは、それぞれの方法が、与えられた状況の中でどれくらいよくこれらの基準を満たせるかを考慮して決められる。また、その状況でその方法を使用することが実際的かどうかにかかっている。その研究方法がどれくらい有効かどうか、また、その研究方法を適用するにあたりその方法がどれほど倫理的かどうかは、研究する領域によって決まる。たとえば、ある方法では、ある行動がどれくらい一般的かわかっても、その原因についてはほとんどわからない。また別の方法は、原因について把握することができても、研究に参加した患者に害をもたらす可能性があるため、倫理的でないかもしれない。あるいは、環境的妥当性が十分でないかもしれない。以下の節では、さまざまな研究方法を順に概観し、その長所と欠点を検討していく。ここでは、疫学的研究、調査、ケース研究、相関研究、実験、メタ分析を取り上げる。

◆──さまざまな研究方法

疫学的研究

疫学的研究は、集団における疾患の頻度と分布を研究するものである（Davison and Neale, 1990）。大規模な住民集団をサンプルとして調査して、さまざまな疾患（または障害）の**有病率**（prevalence）──疾患をもつ人のその集団人口中の割合──あるいは**発症率**（incidence）──ある一定期間にある集団で発生する新患者数──を突き止めるのである。この研究ではたとえば、臨床医のデータをもとに統計分析を行なう。こうしたデータを使用する際の明らかな短所は、該当するすべての人が治療を受けるとは限らないことである。疫学的研究の例としては、マークス（Marks, 1970）によるロンドンのモーズリ病院における外来患者の研究がある。そこでは全ケースの5パーセントに恐怖症があることが明らかになった。その

表7-1　各疾患の生涯罹患率

疾患	ニューヘブン	ボルチモア	セントルイス
統合失調症	1.9%	1.6%	1.0%
大うつ病エピソード	6.7%	3.7%	5.5%
躁病エピソード	1.1%	0.6%	1.1%
恐怖症	7.8%	23.3%	9.4%
パニック障害	1.4%	1.4%	1.5%
強迫	2.6%	3.0%	1.9%
拒食	0%	0.1%	0.1%
アルコール乱用・依存	11.5%	13.7%	15.7%
反社会性人格	2.1%	2.6%	3.3%

出典：Robins et al., 1984.

うちの60パーセントが広場恐怖症であり、それは全人口中0・6パーセントの発生率であった。もう一つの例はロビンスら（Robins et al., 1984）による研究である。この研究では抽出された地域の居住者をサンプルとし、診断面接が行なわれた。この研究は各種疾患の生涯における**罹患率**（これまでにその疾患を経験した人びとの割合）を推定するために行なわれた。表7-1は、9000人から得られたデータの要約である。

評　価

このような研究はまた、障害の原因についての手がかりを与えてくれる。つまり特定の障害がある特定のグループによく起こるならば、その理由が何かを調べることが重要となる。たとえば、統合失調症は貧困地域でより多く発生する。これは貧困の何らかの側面が原因である可能性が考えられるが、あるいは、疾患とそれによる家計への影響のため、統合失調症者がより貧しい地域へ移ることを余儀なくされるためとも考えられる（社会的漂流仮説という）。

疫学的研究だけでは疾患の原因を特定することはできない。しかし、疾患が発生する可能性を増加させるような**危険因子**を特定することができる。たとえば、ブラウンとハリスのロンドンの研究（Brown and Harris, 1978）では、労働者階級の主婦のグループが他のどのグループよりもうつ病の発生率が高いことを見出した。また、死別のような短期間のライフイベントとともに、失業のような長期間の逆境もまた、危険因子となっていることがわかった。

調　査

調査では一般に質問紙を使用する。対象地域の全住民から抽出した大きなサンプルに対し、郵送やインタビュー形式で実施される。たとえば、ジョーンズとコクラン（Jones and Cochrane, 1981）は、一般の人が精神病に対してもつステレオタイプを調べるために質問紙調査を行ない、「健常」者と「精神病」者を表現するしかたにははっきりした相違のあることを見出した。

評　価

調査では、サンプルの抽出が適切であれば、人びとの態度の概要をつかめる大量の情報がすみやかに手に入る。ただ、調査では無回答によるバイアスが問題となる場合がある。それはたとえば、回答しないことを選ぶ人はある特定領域の人びとまたはある特定の態度を代表していると考えることができるからである。調査はまた、社会が求める望ましい答えを回答することによって歪められる場合がある。それは、実際に回答者のなかには、自分が実際にどう考えているかよりも、自分を好ましく見せたいと思う人がいるということである。ある状況でどう行動していると思っているか、あるいはどう行動するだろうと思っているかという、回答者の報告にもとづいているため、調査は必ずしも実際の行動を正しく示していないこともある。さらに、回答者が**なぜ**そうするのか、あるいは**なぜ**そう考えるのかという行動の理由までは説明できない。

相関研究

この方法は変数間の関連を探るものである（「変数」とは、態度、パーソナリティ、行動、社会的階層に至るまで、変動しうるものなら何であってもよい）。対象となる変数はサンプルとなる研究参加者を用いて測定され、相関係数として知られている統計的方法で変数が関連する程度が表わされる。たとえば、躁うつ病の遺伝素因の研究（たとえば Allen, 1976）では、双生児間の疾患の一致度を研究している（一致度とは、相関関係を判断する方法である）。一卵性双生児が非一卵性双生児より一致度が高いという発見は、双極性障害には重大な遺伝的要因がある、ということを論ずる根拠として用いられている。

評　価

相関研究もまた、因果関係の可能性を示す指標ではあるが、それ以上のものではない。たとえば、関係が親密な家族成員どうしは行動に非常に強い相関関係を示す傾向があるが、これは彼らが遺伝子を共有しているからであると同時に、彼らが類似した環境を共有しているという事実によるともいえる。

ケース研究

ケース研究は、通常、長期にわたるもので、個人（または小グループ）に対して行なわれる詳細な研究である。この研究では、その対象者、家族、友人、同僚へのインタビューから得られた多量の個人史的資料（過去と現在の両方）や、公的記録や文書（たとえば学校、職場、病院）からの資料、そして、心理テスト（IQテストなど）や、治療的面接（適切ならば）から得られる情報が扱われる。大部分の研究（調査など）は、集団行動や一般法則に注目する**法則定立的**アプローチを用いるのに対して、このアプローチは一個人に注目するので、**個性記述的**といわれる。

評　価

この本の各所に、各治療の適用例を示したケース研究が載せてある。ここでは、めずらしいケース（たとえば Thigpen and Cleckly, 1954 によって報告された「イブの三つの顔（Three Faces of Eve）」として知られている多重人格のケース）や新しい治療法の適用を研究する場合にこの方法が非常に役立つということを強調しておけば十分だろう。場合によっては、疾患がとてもめずらしいために、実際問題としてケース研究しか使える方法がない場合がある。ケース研究では時間を追って変化を観察することができ、行動に影響を与える可能性があるものを非常に広範囲にカバーできる。それゆえに、より詳細な検証を行なうための仮説を提供することができる。

しかし、ケース研究にも多くの欠点がある。研究されるケースは通常めずらしいものであるので、他の人びとに一般化するのは困難な場合が多い。一つのケースから一般化することはいずれにしろ常に信頼できる行為ではなく、ケース研究の場合は対象者が代表的なケースからは大きく偏ったものであるため、一般化は二重に困難である。研究者と研究参加者の長期間にわたる関与の程度もまた問題である。起こっていることについての解釈や報告にバイアスが入り込みやすくなるからである。フロイトがこのことで批判されたことを思い出す人もあるだろう。ケース研究は、原因や結果の目安を示すだけである。たとえ治療が変化をもたらしたように見えても、それは研究者が知らない他の要因の結果であるかもしれず、また治療的介入がなくてもその時に回復したかもしれない。最後にケース研究の倫理についても考慮する必要がある。守秘性に関してはほとんどの場合仮名《かめい》を使用することで守られるが、一部の研究者のなかには、研究対象となった人が人間モルモットとしてしか扱われていないと感じている人もいる。

実験と擬似実験

すべての方法のなかでもっとも科学的なものは実験である。これは、ある一つの変数（**独立変数**(independent variable)と呼ばれる）を操作し、もう一つの変数（**従属変数**(dependent variable)と呼ばれる）への効果を観察することによって原因と結果を特定することができるからである。結果に影響するかもしれない他のすべての変数（「交絡変数（confounding variable)」という）が統制される（すなわち、常に一定のレベルに保たれる）ならば、従属変数の変化はすべて独立変数を操作したためであると考えることができる。これは、ある一点を除いて他の条件を一貫してすべて**実験群**と同じようにする**統制群**を設定することで達成される。たとえばフィリップス（Phillips, 1963; Orford, 1976 による引用）は、研究参加者に、精神病の名前がつけられている精神病の事例の説明文と、名前がつけられていないまったく同じ説明文を呈示して、社会的距離（人びとがどれくらい親密に、そこに記述されている人とかかわり合いたいかを示す態度）に精神医学的ラベリングがどれくらい影響するのかを研究した。精神病の名前があった時のほうが、社会的距離を大きくとる（すなわち接触を少なくする）態度が選ばれたという事実に、病名が偏見を生み出すことが示された。

ほとんどの実験は集団に対して行なわれるが、単一事例の実験を行なうことも可能である（とくに臨床研究で役立つ）。このような方法の一つとして**リバーサル・デザイン**（reversal design）を用いる方法がある。この方法では、問題行動の発生率のベースラインが測定され（統制条件）、そして治療が施される（実験条件）。それから、治療が一時の間休止され、しばらくして再開される。治療の適用が変化と関係していることがわかれば、治療が因果的に影響を与えている可能性が高い。たとえばテートとバロフ（Tate and Baroff, 1966）は、精神病の少年の自傷（たとえば、自分の頭を壁にぶつける）を、いつも以上に愛情を与えたり、自傷行為を行なおうとしたら愛情を与えるのをやめるという治療方法によって、減少させることができることを示した。

上記のアプローチに関する問題は、必ずしも治療をしない状態に戻すことができるわけではないということである（たとえば、精神外科では、治療をしない状態には戻せない）。もしそれが可能である場合でも、研究参加者の症状を再発させるのは、倫理的とはいえないだろう。したがって、場合によっては代わりに、**複数ベースライン法**（multiple baseline procedure）が用いられる場合がある。この方法では、複数の行動を観測し、治療は一度に一つの行動に対してのみ施される。たとえば、じっと座っていることができない自傷行為のある子どもに対して、はじめは一つの行動についてのみ変化があれば報酬が与えられ、それから他の行動へと広げていった（Dallos and Cullen, 1990）。

単一事例から一般化することが困難なため、多くの研究者は**群間比較デザイン**（between groups comparison design, ＢＧＣＤ）を使う傾向がある。それは、実験群がある種の治療を受けた後、実験群と［治療を受けなかった］統制群の比較を行なうものである。**無作為抽出**実験（または臨床実験）は、群間比較デザインを行なうにはもっとも効果的な方法であり、研究参加者を実験群（治療する群）と統制群にランダムに配分する。たとえば、行動療法の効果を調べる研究では、治療の効果を評価するために、恐怖症の患者を、治療群もしくは統制群（しばしば、偽薬を与えられるか、偽の治療を施される）に無作為に割り当てる。

評　価

実験法は、原因と結果を分析するのに有効である。結果を統計的に分析すれば、偶然その結果が得られる確率を客観的に見積もることができる。偶然に得られる場合が１００回に5回未満の可能性であるならば、結果は通常、統計学的に有意であると考えられる。しかし、この方法には倫理や妥当性（両方とも第8章で詳述する）について問題がある。臨床試験で統制群を用いることがとくに問題である。治療を必要とする人に対して研究期間の間、事実上治療が行なわれないからである。

これに対する代替案の一つは、**アナログ実験**（analogue experiment）を用いることであり、それは関連する問題を研究するものである。たとえば、実際の恐怖症患者ではなく、大勢の前でしゃべることに恐怖感をもつ学生が、治療効果を実験するためのアナログ（類似対象）として使われる（Paul, 1967）。他の代替案としては、実験室で精神疾患をシミュレーションする方法がある。たとえば、乳酸塩の点滴を投与すれば、パニック発作の症状を引き起こすことができる（第11章のClark, 1992を参照）。どちらの場合でも、倫理のために研究の外的妥当性（または「リアリズム」）が犠牲にされる。代替案の最後の可能性としては、**擬似実験**（quasi-experiment）を行なうことである。それは独立変数に自然に起こる変化を利用する。独立変数が直接操作されないので、これは本当の実験ではないが、変数を直接操作する場合の倫理的問題を避けることができる。たとえば、二つの異なるアプローチを使用するセラピストの効果を検討することによって、それらのセラピーを比較できる。ここでの問題は、その状況で結果に影響しうる他の変数のすべてを統制することができないということである。先ほどの例でいえば、治療的アプローチの違いだけでなく、異なるセラピストを用いていることが、治療の結果に重要な影響を及ぼす可能性がある。

行動研究に理想的な方法はない。異常行動を研究する時には、心理学の他のどの領域よりもそのことがよりいっそう明らかである。実際には、ここで説明してきた方法からいくつかの要素を取り入れた混合デザインが使用されることが多い。そして、いくつもの研究から集められた証拠をもとにして理論が構築される。

メタ分析

これは精神疾患の研究においてきわめて重要な、最近の技法である。とくに研究結果に矛盾が見られる場合に、いくつかの資料をつきあわせて、その証拠をより強固にするために行なわれる。文献を再検討したり、もっと一般的には、統計データを組み合わせたり、データを再分析することによって行なわれる。このアプローチの一つの例として、スミスらによるメタ分析的調査がある（Smith et al., 1980）。これは、475の研究の結果を再分析することで（研究参加者数は合計2万5000人以上）、六種類の治療法の効果を比較したものである。治療なしと比較して、六種類のすべての治療方法で問題に対する効果が見られ、平均で75パーセントが治療なしグループより改善された（この研究については、第8章でさらに取り上げる）。

評　価

そもそもの研究がきちんと統制されたものであれば、メタ分析は大量のデータを組み合わせるのに有用な方法である。しかし、どの研究が、メタ分析で使用するに値するほど十分に統制された研究なのかという決定が、バイアスを生み出す可能性がある。たとえば、ウィルソンとラックマン（Wilson and Rachman,

1983）は、スミスらの研究分析では、行動療法についての研究があまりに排除されすぎていると指摘した。デーヴィソンとニール（Davison and Neale, 1990：561）は、「私たちの見解では、他の研究者によるメタ分析のメリットを判断するという挑戦を続けることが、当の研究者自身のパラダイムの避けられない役割である」と結論づけている。

◆章のまとめ

異常行動を研究する目的は、有病率、行動に対する態度、原因または治療の効果を調べることである。研究は、仮説検証、客観性、信頼性、妥当性といった科学的な原則に従わなければならない。利用できる方法には、実験法だけでなく、疫学的研究、調査、相関研究やケース研究のような非実験的な方法も含まれる。実験法と擬似実験では、リバーサル・デザインや、複数ベースライン法、群間比較デザインを利用することができる。非実験的な方法では、潜在的な交絡変数を統制することはあまりできないが、環境的妥当性が得られやすい。実験では、より多く統制できるが、しばしば環境的妥当性が代償となる。また、研究参加者の行動を操作するので、倫理面からの批判を受けやすい。メタ分析は多数の研究の情報を組み合わせるのに用いられるが、その分析の妥当性は、メタ分析するために選んだもとの研究の妥当性を上回るものではない。

読書案内

Barkham, M.（1990）'Research in individual therapy', in W. Dryden（ed.）*Individual Therapy: A Handbook*, Milton Keynes: Oxford University Press. 実際の問題の概要を知るのによい。

Coolican, H.（1994）*Research Methods and Statistics in Psychology*, London: Hodder & Stoughton. 方法論を網羅しており、評価も有用である。

第8章　セラピーの評価

◆一般原理

実際的にいえば、「研究は、サービスを提供するかどうか、あるいはどのサービスを提供すればよいかを確立するための方途として行なわれる」（Parry, 1996）。言い換えれば、どの治療が効果的かということを知るためには研究が必要である。しかし、これは見方の一部であり、他にも、治療がどういう種類の行動に効くのか、どういうタイプの人に効くのか、セラピーのプロセスのどの側面が有効なのか、も知る必要がある。つまり、入力（開始時）と結果、そしてプロセスについて研究する必要がある（Orlinsky and Howard, 1987）。

入力（開始時）には、クライエントやセラピストの性格を含め、セラピー場面に持ち込まれるあらゆる要素が含まれる。**プロセス**面では、面接で起きること、たとえばセラピストとクライエント間の関係の進展や、セラピストによる介入、クライエントが得た洞察などを扱う。**結果**は、長期的そして短期的に、セラピーによってクライエントにどのような変化が生じたかで評価される。

セラピーを評価しようとする試みは、こうしたさまざまな側面の一つないしいくつかに焦点を合わせる。このことはまた、一種類のセラピーにもとづいて評価しようとしているのか、何種類かのセラピーを比較しようとしているのか、ということについてもいえる。この領域での調査を検討する時は、各研究のなかで、入力（開始時）、プロセス、結果のうちのどの側面が検討されているのかを確認することが重要である。

第7章で論じたように、はじめにどの研究方法を選ぶかで、研究の質や信頼性と妥当性、そして変数間の因果関係を示せるかどうかが左右される。しかし、セラピーについての研究を評価するには他にも多くの問題があり、この章ではセラピーの評価を目的に行なわれた研究例を検討する前に、まずこうした問題とは何なのかを論じることから始めよう。

◆入力（開始時）における問題

入力（開始時）に関する研究では、考慮すべき問題が四つある。

1 まず何よりも、**用いられた分類体系が適切であるかどうか**である。第1章で指摘したように、現在用いられている体系（つまり、ＤＳＭ-Ⅳ）は完全に信頼できるわけではなく、そして、カテゴリー（たとえば統合失調症など）によっては、かなり異なる行動を示す人たちが含まれているように見える。診断が不明確な研究参加者に対して研究が行なわれるとすれば（これは初期の研究で見られたことである）、そこから得られるものは少ないだろう。たとえば、クロウら（Crow et al., 1982）は、統合失調症の一級症状（幻覚や妄想など）は薬物によって治療可能だが、感情欠如や自閉状態などの二級症状は治療できないことを示した。したがって、研究参加者が統合失調症のどのタイプの症状を示しているかが、治療結果を見きわめるのにきわめて重要となる。臨床的な研究でアナログ集団（前章を参照）を用いる時にも、同様なポイントが関係してくる。たとえば、実際の恐怖症患者ではなく、人前で話すのが怖いという学生を用いて研究したなら、その結果が恐怖症と診断されたクライエントにも同じように適用できることを立証しなくてはならない。

2　二つ目の問題は、**現在の服薬状況はどうなっているか**である。投薬が評価対象となっていない場合、服薬状況により結果が容易に混乱させられてしまう。たとえば、統合失調症者の認知機能を調べた初期の研究では、注意力に問題があると報告されたが、これは障害自体によってだけでなく、服薬の結果として引き起こされた可能性もあった。薬物のタイプによっては他の薬物より副作用があり、そしてセラピーのなかには、他のセラピーよりも薬物の影響を受けやすいものがあるだろう。したがって、結果が、調査している方法によるものかどうかをはっきりさせるために、研究前のある程度の期間、研究参加者には薬物を控えてもらうよう頼むことも考えられる。

3　三つ目の問題は、**無作為抽出**がされているかどうかである。とくに実験の場合は、その研究の妥当性を確保するため、研究参加者をランダムに各条件に振り分けることが重要である。たとえば、もし統制群か治療群のいずれかに軽症のケースが偏って混じっていたら、その結果は治療の有効性を正確に反映したものではなくなる。倫理的な理由から、ランダムな振り分けは、患者（研究参加者）とその患者の担当医の同意の上でなされなくてはならない。実際には、担当医はこれを望まないため、結果として治療群には、しばしば若くて症状の比較的軽い者が含まれることになる（Parry, 1996）。

患者の同意もまた、難しい問題である。というのも、精神疾患をわずらう人は、自分が何に同意しようとしているのかを完全に理解しているとは限らないからである。また臨床試験に協力するのを拒否するかもしれず、そうすると、拒否した人には参加する人とは重要な点で異なる特性があったかもしれないので、研究参加者はランダムではなくなってしまう。あるいは、彼らが特定の方法を好む場合は、それを与えられないと研究から脱落するかもしれず、これもまた研究参加者の偏りを生むことになる。これはとくに薬の治験で生じやすい。パリー（Parry, 1996: 284）は、「セラピーと薬物との比較は、薬物療法に振り分けられた患者の非常に高い脱落率を覆い隠しており、多くの人は、薬物よりもセラピーのほうが受け入れやすいと思っているようだ」という。このことはまた、患者がランダムに振り分けられているわけではなく、患者の好みが考慮される現実の状況に、こうした結果がどの程度結びつくか、という疑問も生む。

4　最後の問題は、**セラピストの性格**である。研究でしばしば明らかになるのは、治療法の創始者はその後継者よりもより成功していることである。これは、セラピストの技術、熱意、さらにはその人のカリスマ性さえもが重要であることを示している。研究では、ある特定のセラピーを支持し、それを駆使できる実践者を用いることが多いが、現実の臨床ではそういうことは多くない。臨床の実践者は多くの技法に習熟している必要があり、特定のセラピーに特別に熱意をもっているとは限らないからである。

◆──プロセスにおける問題

プロセスに関しては、二つのレベルで問題が提起される。治療プロセス全体を考えるなら、問われる問題は「何と何を比較するのか？」である。**リバーサル・デザイン**では、ベースラインを決めて個人内で比較される。**群間比較**では統制群が用いられるが、この統制群の性質が議論の的になる。

典型的には、**プラシーボ**（placebo）（偽薬）、つまり効き目のない治療が統制群に施され、治療の効果と比較できるようベースラインが測定される。これは、ウェイティングリスト［治療待機。すぐ治療を始めないで、一定の期間待ってから治療を始める。この待機期間にいる患者を未治療群として、この群との比較で治療群の治療効果を見る］に載せたり、実際の薬ではなく効果のない錠剤を与えるものから、カウンセラーに会うことが認められるものまで多岐にわたる。明らかに、どれが採用されるかによって結果も異なるだろう。多くの研究では、厳密には治療の代わりに効果のない方法を用いたとはいえないプラシーボ条件を採用している。たとえば、ウェイティングリストとカウンセリングでは、サポートのレベルが違う。キルシュとサピールスタイン（Kirsch and Sapirstein, 1998）は、臨床的な薬物の治験では、副作用があると、プラシーボではなく実際の薬を与えられたと気づくと指摘している。こうして彼らが抱く期待はプラシーボ群と異なるようになり、そのため治療への反応が良くなるかもしれない。求められるのは、「実際と同じプラシーボ」、つまり薬の副作用は似せながらも、治療効果をもたない薬物である。

他にも、二種類のセラピー、たとえば精神分析と行動主義的治療との効果を比較した研究がある。このアプローチの場合も、二つの方法の目的や対象とする人、かかる時間などが単純には比較できないため、問題が残る。たとえば、精神分析は時間がかかる方法なので、研究のために設定された期間では効果が見られないかもしれないが、長期的には有効な方法かもしれない。行動主義的治療は多くの場合効果が早いが、必ずしも長続きするとは限らない。

これまで述べたようなタイプの研究では、治療法による効果の違いはあまり示されなかった。そのため、すべてのセラピーに共通する変化の基本原理に、研究の焦点を移す必要があると主張する研究者もいる。このことはまた、ここで論ずるべき第二の問題を考えさせる。それは、セラピーをさまざまな要素に分け、そのなかのどれがもっとも有効なのかを確かめるということである。これは、今まで概観したさまざまなセラピーについて横断的に行なうこともでき、また一種類のセラピーを用いて行なうこともできる。たとえば、系統的脱感作法が成功するのは、リラクセーションがもっとも重要な要素として働くためなのか、あるいは順次的な曝露法が重要だからなのかを調べたりすることが考えられる。ここでの問題は、まず(セラピーに含まれる)要素がこのように分離できるだろうかということ、そして二つ目は、それらを実際に操作できるだろうかということである。たとえば、ロジャーズ派のセラピーで、共感なしに無条件の肯定的尊重がいかに達成されるかを調べるのは困難である。また、精神分析で転移をさせないことも困難であろう。

結果における問題

研究者が直面する最大の問題は、結果に関するものである。まず問題となるのは、治癒をどう定義するかである。精神疾患のさまざまなモデルを見れば、セラピストのやり方が異なれば結果の見方も非常に違うのは当然である。たとえば、行動主義的モデルを支持するセラピストは症状をなくすことを目指すが、人間主義的・実存主義的セラピストは、「治癒」をそうした概念だとは認めない。たとえば、キングズレー・ホールは成功だっただろうかと聞かれて、ある住人は「その質問は的外れだ。何も損なわれなかったし、〝治癒〟もない」と答えた（Barnes and Berke, 1982: 371）。ある一つの立場、たとえば医学的モデルなどのなかにおいてさえ、薬物で症状を抑えることと、その症状を精神外科的に除去することとは別物だと見なされうる。

これに対する答えとして一つ可能なのは、**治癒**ではなく**変化**に着目することだが、変化を測定するのも容易ではない。それは量的なものもあれば（たとえばクモを見た時に示される不安の量の変化など）、現われる行動のタイプが変化するというような質的なものもある（たとえば、攻撃的な反応が自己主張的な反応に置き換わるなど）。また、ネガティブな変化もありうるが、これについては後述する。変化が意味のあるものかどうかは、典型的には、観察される変化の大きさが偶然だけでどれくらい起こりやすいかという点から統計的に評価される。しかし、統計的に意味のある変化でも、それがクライエントの生活の質を改善させることにつながらなければ、臨床的には必ずしも意味があるとはいえない。たとえば、不安感に生理的な変化が見られても、それは目に見える行動の変化につながらないかもしれないし、あるいは、行動を「健常の」範囲に向かわせるような重要な変化には結びつかないかもしれない。

さらに、**自然治癒**（spontaneous remission）の可能性があるので、難しい（Eysenck, 1952）。これは、多くの疾患が時間がたつうち自然に消失するという事実である。自然治癒率は計算でき、アイゼンクは66パーセントもの高さであると試算した。しかし、バージンとランバート（Bergin and Lambert, 1978）は、疾患のタイプに応じて自然に回復する率は異なり、30～60パーセントと見積もるのが現実的であるとしている。マランら（Malan et al., 1975）は、多くの研究では、治療を受けない人であっても少なくともアセスメント面接を受けるが、それだけで変化を及ぼすには十分だと考えられると指摘する。したがって、心理療法を受けずに回復が見られたとしても、それが本当に自然に起こったものであるとはいえない。影響を受けた患者が何パーセントであれ、またその現象に対してどんな説明がなされるにしろ、セラピーの効果を評価するには、明らかにこの可能性を考慮しなくてはならない。統制群が設けられる理由の一つは、このためである。

他には、**ハロー‐グッバイ効果**（hello-goodbye effect）と呼ばれる現象があり、これも結果を混乱させる。その意味するところは、セラピーを始める時（「ハロー」）には、注意を向けてもらうためにクライエントは自分の症状を誇張することがあるということである。一方、終了時（「グッバイ」）には、セラピーに価値があったと思いたいため、自分の問題を小さく見積もることがある。これは、変化の量を評価する際に、明らかに影響を与えてしまう。

最後に、治療後にフォローアップされた**期間**も考慮する必要がある。長期間にわたって評価を行なうことが重要である。しかし、どれくらいの期間が必要だろうか。六ヶ月だろうか？　一年だろうか？　短期間ではあまり効果が見られない治療も多いが、もし長期間にわたって効果を維持できるのであれば、じつは効率が良いことになる。さらに、**症状の置き換え**（symptom substitution）が行なわれていないかどうか考慮することも重要である。これは、多くの精神分析的なセラピストが主張していることだが、短期的で表面的なセラピー、たとえば行動主義的アプローチなどの結果として生じるという。

以上のような理由から、効果に関する研究報告は、その有用性を確認するにあたって慎重に読まなくてはならない。次節では、有名な研究例をいくつか見てみよう。

◆――評価研究

評価研究は、セラピストの有効性を調べたものと、疾患に応じたセラピーの有効性を調べたものとの二種類に分類できる。

セラピストの有効性

カラスら（Karasu et al., 1979）は、クライエントとセラピストが同じくらいの年齢で組み合わさると、より実り多いセラピーになるという結果を得た。ビュートラーら（Beutler et al., 1986）は、男性セラピストよりも女性セラピストのほうが効果が高いという結果を出している。後者の研究では、セラピストが抱く期待や、セラピストがもつ社会的影響力（専門知識や信頼度、魅力という意味で）が結果に影響を与えることもわかった。

クライエントとセラピストの、人種や文化の違いも重要である。グラント（Grant, 1994）は、黒人のクライエントは白人のセラピストを信頼しにくいと報告している（そして、黒人のセラピストを見つけるのは難しいのである！）。

トルアックスとカーカフ（Truax and Carkhuff, 1964）によれば、もっとも効果的なセラピストというのは、クライエントとの間に、誠実な思いやりと信頼、尊敬を基盤とした共感的な関係を築こうとする人であるという。こうした資質がないと、クライエントは改善せずに悪化してしまう可能性がある。温かさと理解を重視するこうした関係は、**治療同盟**（therapeutic alliance）と呼ばれている（Luborsky, 1984）が、これはセラピーが有効に機能するためには不可欠な要素であると思われる。

疾患に応じた効果的なセラピー

この問題に関する情報は、各セラピーについて論じた第2章から第6章にかけて述べられている。次に述べるのは、主要な研究だけをまとめたものである。

まず化学療法の実用性を示す研究を見てみると、メイ（May, 1975）は、統合失調症患者に対して、薬物、精神分析、薬物と精神分析の組み合わせ、精神分析的心理療法、ＥＣＴ、環境療法（milieu therapy）を比較した。行動の評価と退院率からは、薬物療法および精神分析と薬物療法の組み合わせがもっとも有効な方法であることが示された。この二条件ではほとんど差が見られなかったということは、観察された効果に薬物の影響がきわめて大きかったことを示している。他に、エルキンスら（Elkins et al., 1989）による研究では、うつ病患者の治療として、認知行動療法、精神力動的療法、抗うつ薬イミプラミンを比較した。どの治療も同じように効果が見られたが、重症例ではイミプラミンが卓越した効果を発揮した。クロスコら（Klosko et al., 1990）によるパニック障害の研究では、行動療法と抗不安薬アルプラゾラムとでは有意な差が見られなかった。ピッチネッリら（Piccinelli et al., 1995）による新しい研究では、強迫性障害の短期的な治療では、ＳＳＲＩを用いた化学療法がプラシーボを用いる場合に比べてはるかに高い効果が見られたという。まとめると、こうした研究では、統合失調症と重度うつ病では薬物が非常に有効で、強迫性障害に対しても適用の可能性があることが示されている。

行動主義的療法

行動主義的療法については、マークスとオサリヴァン（Marks and O'Sullivan, 1988）が調査しており、本書の第11章に概要を載せてある。彼らは、広場恐怖と強迫性障害の治療における薬物と心理的な治療の有効性を比較した研究を再検討した。そして、曝露療法を除いて、薬物も心理的な治療のどちらも長期的には有効でないと結論づけた。バーマンとノートン（Berman and Norton, 1985）は、行動主義的療法は広場恐怖に対しては他のアプローチよりも効果があることを裏づけた。ミラーとバーマン（Miller and Berman, 1983）はうつ病との関連で認知行動療法を調べ、認知療法は不安障害よりもうつ病に対してのほうがわずかに効果が高いが、その差は有意ではなかった。ダーラムら（Durham et al., 1994）は、全般性不安障害に対する認知療法、精神分析的療法、不安マネジメント・トレーニングの有効性を比較した。症状の変化をもたらすには認知療法がもっとも有効で、一番効果がなかったのが精神分析的療法だった。クラーク（Clark, 1993）は、パニック障害の治療では化学療法による治癒が50パーセントであったのに対して、認知療法では90パーセントが成功していると報告している。精神力動的療法は、統合失調症よりも不安障害に対して効果があり（Smith et al., 1980）、一般的には、明晰で教育水準が高く、動機づけの高い人に対して行なわれるとうまくいくようだ。YAVIS効果である。

有効性を比較した研究

いくらかの不一致はあるものの、疾患に応じて、合うセラピーや治療法があるというパターンがあるのは明らかである。しかし、あるセラピーとプラシーボを用いる場合を比較するだけだったり、あるセラピーの効果を二種類の疾患で比較しているだけだったりする研究が多い。今求められているのはこうした研究ではなく、この障害には他のどのセラピーよりもある特定のセラピーが適しているといえるかどうかを知るための研究である。こうした目的で行なわれた研究は比較的少なく、ほとんどがメタ分析である。以下に四つ紹介しよう。

1　最初の研究はスローンら（Sloane et al., 1975）によるもので、90人の不安障害と人格障害のクライエントに対して、行動療法と精神分析志向的療法、そして無治療（ウェイティングリスト統制群）の効果を比較した。四ヶ月後、統制群で改善が見られたのは48パーセントだったのに対して、治療群では80パーセントに改善が見られた。したがって、どちらのタイプのセラピーも同じように有効で、無治療に比べてはるかに効果があったと考えられた。しかし、この研究は統制群の質の問題と、心理療法があまりに短期間であったため精神分析的な方法が正しく行なわれなかったという点が批判された。

2　スミスら（Smith et al., 1980）は、４７５の研究をメタ分析し、クライエント中心療法、ゲシュタルト療法、行動変容療法、精神力動的療法、認知行動療法、そして系統的脱感作法という六種類のセラピーの有効性を比較した。全体として、80パーセントでは統制群よりもセラピー群のほうが改善したが、セラピー群のなかでは有意な差は見られなかった。

3　スヴァルツバーグとスタイルズ（Svartberg and Stiles, 1991）は19の研究をメタ分析し、短期的な精神力動的療法は、混合型の神経症患者を除き、ほとんどの障害で他の方法よりも劣っていると報告した。フォローアップ期間が延びると、そうした劣位性は目立たなくなった。重度うつ病に対しては、認知行動療法がとくに有効であった。

4　最後に紹介する研究はシャピロ（Shapiro, 1990）によるもので、求められる分析のタイプにもっとも近いものである。シャピロは４７５の研究を調べたスミスら（Smith et al., 1980）のものとシャピロとシャピロ（Shapiro and Shapiro, 1982）の二つの大規模なメタ分析研究に着目した。そして、行動療法、認知療法、精神力動的・人間主義的療法という三つのセラピーと、神経症、恐怖症、感情・身体的障害という三つの疾患を、査定対象とすることができた。結論としては、精神力動的・人間主義的療法が劣っているという以外は、はっきりした効果パターンは見られなかった。

明確な効果の違いが見られなかったことについては、同じ疾患で苦しんでいても、クライエントの反応には個人差が大きいということが一つの理由として考えられる。たとえば、文化的な要因が重要な違いに関係していることが示されている。ウィットマンとマット（Wittman and Matt, 1986）がドイツにおける心理療法の効果をメタ分析した研究では、たいていの場合、スミスら（Smith et al., 1980）の報告の半分程度しか効果が見られなかった。リンら（Linn et al., 1990）は、アジア人の統合失調症患者は、アメリカ人の統合失調症患者よりも、一回分の神経弛緩薬の量が少なくてすむことを示した。スー（Sue, 1990）の研究では、アジア人は行動療法などの指示的なセラピーを好み、アメリカ人はロジャーズ派のセラピーなどの非指示的なセラピーを好むという。セラピーの種類が異なっても同じような反応が見られることについては、次の節でさらに別の可能性を考えてみよう。

◆等価パラドックスと負の効果

等価パラドックス

セラピー間でいくらか違いは見られるものの、多くの研究からその違いが小さいものであるのは明らかだ。これは**等価パラドックス**（equivalence paradox）（Stiles et al., 1986）と呼ばれている。これは、多くの場合、用いられたセラピーの特定のプロセスや技法が有効なのではなく、むしろ治療関係の一般的な特性が有効なのではないかということを示唆している。あるコメントを引用しよう。

> 心理療法が効果をもつ最大の要素は、クライエントにとって自分の幸福のために集中して絶えず関心をもってくれる誰かとの関係から得られる連帯感である、との結論を避けることはきわめて難しい。誰かが自分の味方になってくれるというのは、世界と戦う力に根本的な違いをもたらすのである。（Smail, 1996: 92）

負の効果

これには別の側面もある。心理的な治療は無治療、あるいはプラシーボを用いるものよりも一般にすぐれているという研究もあるが（たとえば Roth and Fonagy, 1996; Sloane et al., 1975）、しかしプラシーボにもある程度の効果がある（Smith et al., 1980）。シャピロとシャピロ（1982）は、セラピー後、治療を受けた平均的なクライエントは、無治療の（統制群の）クライエントより80～85パーセントも良くなるという結論を出した。

しかし、すべての研究者がこの見方に同意するわけではない。たとえば、プリオローら（Prioleau et al.,

1983）は、スミスら（1980）が調べた４７５の研究のうち、方法論的に問題がなかったのはたった32の研究だけだと主張する。問題がない研究だけを再度分析したところ、心理療法の有益性をしっかりと示すものではなかったという結論を出している。この結論はアイゼンク（Eysenck, 1952）が心理療法（精神分析的療法と折衷的療法）の効果を調べた、多くの批判を受けた研究で至った結論と非常に似ている。アイゼンクの結論は、データからは「心理療法は、フロイト派であれ何であれ、神経症患者の回復を促進するということを証明することはできず」、「この調査から、その存在と効果にまだ科学的に信用できる証拠のない技法を臨床心理士にトレーニングすることには重大な疑問を感じる」（Gross, 1994: 375 による引用）というものだった。さらに心配なのは患者の何人かは改善せず、約９パーセントは実際にはセラピーの後で悪化したというスミスら（1980）の指摘である。この数値は、10パーセントとするランバートら（Lambert et al., 1986）の数値とほぼ一致している。これについては、メイアー（Mair, 1997）が**解離性同一性障害**（dissociative identity disorder, ＤＩＤ）で苦しんでいる14人の患者の治療結果を分析し、さらに議論を深めている。詳細はケース研究８‐１に示してある。彼女が出した結論では、解離性同一性障害の治療は費用効率が良くないばかりでなく、つまり治療後は以前よりも患者が精神保健サービスにまわされることが増えたのだが、さらに患者が受けた治療結果に倫理的に深刻な問題があったという。患者たちは、自傷行為や自殺企図などを多く示すようになり、これはセラピーで辛い記憶を思い出したためであった。

ケース研究8 - 1　解離性同一性障害に対する心理的治療——そのリスクと利点（Mair, 1997）

精神病院の記録から、1988年から1995年の間に治療を受けた解離性同一性障害患者が調べられ、28歳から42歳までの14人の女性患者がサンプルとして選ばれた。彼女らは平均して三年半の治療を受け、それぞれ2～21の人格を示していた（平均すると九つの人格）。治療からおよそ三年後、そのうち13人について、彼女らの担当医を通して近況情報が入手された。

治療の後、彼女らは以前よりもわずかだが担当医に相談することが増えていることがわかった。治療の効果があったと担当医が判断した5人は、治療を初期で中断していた傾向があり、ストレスの度合いが少なく、人格数も少なかった。治療の効果がなかった、あるいは治療後に悪化した8人の患者は治療面接の回数が多く、人格数が多かった。治療の前には、両グループの間で差はなかった。

したがって、治療の回数が少ないほど、良い結果に結びついたことになる。多くの患者が、治療の前には見られなかった深刻な幼児虐待の記憶を取り戻し、なかには、それが家族関係の崩壊を招いたケースもあった。

アイゼンクが1952年に言っているように、「回復と心理療法の間には逆相関が見られるようで、心理療法を多く受けるほど、回復率は減る」（Gross, 1994: 374による引用）ようだ。

これまで述べてきた評価は、セラピーの効果を科学的アプローチで評定しようとするものである。しかし、他にも考慮すべき視点があり、これはスメイル（Smail, 1987: 92）の引用によく表現されている。

変化に向けたテクノロジーへの依存に代わりうるのは、構成員をケアする社会の育成である。セラピー産業は、人間行動の倫理の機能に取って代わることも、それを担うこともできない。

これについては次章で扱おう。

◆――章のまとめ

セラピーを科学的に評価するには、入力（開始時）、プロセス、そして結果にわたってさまざまな問題を考慮する必要がある。セラピストの違いによる効果を扱った評価研究では、セラピストとクライエント間の治療同盟がセラピー成功の決定的な要素であることが示されている。セラピーのタイプ別の効果を比較した研究では、ほとんどの患者にとっては、セラピーを受けないよりも受けたほうが有益であることがわかった。もっとも効果的なセラピーというのは、疾患の種類によって変わるだけでなく、たとえば人種などその人個人がもつさまざまな特徴に左右される。等価パラドックスとは、さまざまなセラピー間の有効性の違いは往々にして少ないということをさす。したがって、成功するかどうかは、まずは思いやりのある関係を提供できるかどうかにかかっている。しかし、セラピーは常に有益とは限らず、改善ではなく悪化を示す人もいる。

読書案内

Eysenck, H.（1952）*The Effects of Psychotherapy: An Evaluation*, in R. Gross *Key Studies in Psychology*, London: Hodder & Stoughton, 1994.（グロス『キースタディーズ心理学』上・下、大山正・岡本栄一監訳、新曜社、１９９３）実際に何が述べられているのかということを知るところに読む価値がある。オリジナルの研究論文とともに掲載されている評価が役に立つだろう。

Parry, G.（1996）'Using research to change practice', in T. Heller et al.（ed.）, *Mental Health Matters*, London: Macmillan. 研究プロセスと、それを実際に適用することについての批評が、考えを刺激してくれる。

第9章 倫理の問題

◆一般原理
◆精神保健法とその影響
◆診断における倫理的問題
◆治療における倫理的問題
◆章のまとめ

一般原理

まずはじめに、「倫理」とは何を意味するのかを明らかにすることが重要である。以下の定義は、ブロックとチョドフ（Bloch and Chodoff, 1981: 8）からの引用である。

行動の適切さ不適切さと、行動した結果の善悪に関して人間の行動を吟味すること。

精神疾患の人への治療にはとくに難しい倫理問題が伴うが、この章では、それを取り上げていこう。

◆――精神保健法とその影響

イングランドとウェールズでは、病院への強制収容と治療に関する法的根拠が、1983年の精神保健法によって規定されている。病院への強制収容が適用されるのは、患者自身が健康と安全上の危機に陥っていると思われる場合（たとえば自殺傾向があるなど）や、他者に健康と安全上の危機を与えていると思われる場合（たとえば暴力をふるうなど）がもっとも多い。法律はいくつか異なる区分からなっている。その詳細は表9-1のとおりである。

収容（commitment）は、「保護留置」「志願患者の拘束」「救急アセスメント」「アセスメント指示」により実施できる。「保護」の指示とは、責任をもてる人（たとえば親戚）の保護下にその人を置くことである。実際には、どれを適用するべきかを決める時に、**自由最大化状況**（Least Restrictive Alternative）の方針が用いられる。この方針は、できるだけ自由の制限が少ない選択肢を提供し、そして、拘束は、他のいかなる収容設備も利用できない時にはじめて適用されるものでなければならないというものである。

治療には治療の指示が必要である。そして、非常事態でなければ、事前に患者の同意が必要である。現

表9-1　イギリスの精神保健法（1983）の主な区分

拘束のタイプ	最長期間	誰が行なえるか	医学的勧告の必要性
保護留置	最長3日	警察官	なし
志願患者の拘束	最長3日	主治医	主治医の報告
救急アセスメント	最長3日	最も近い近親者あるいは公認ソーシャルワーカー	1名の医師（可能なら患者自身の主治医）
アセスメント	最長28日	最も近い近親者あるいは公認ソーシャルワーカー	2名の医師（公認の専門医1名，患者を知っているもの1名，そのうち病院のスタッフは1名のみ）
治療	最長6ヶ月更新6ヶ月の計1年	最も近い近親者あるいは公認ソーシャルワーカー	2名の医師（公認の専門医1名，患者を知っているもの1名，そのうち病院のスタッフは1名のみ）
保護	最長6ヶ月更新6ヶ月の計1年	最も近い近親者あるいは公認ソーシャルワーカー	2名の医師（公認の専門医1名，患者を知っているもの1名，そのうち病院のスタッフは1名のみ）

実的には、薬物の短期使用だけが同意なしで許されることを意味する。長期の薬物治療、電気けいれん療法、精神外科あるいはホルモン治療は、救急治療ではないので、すべて同意を必要とする。

患者が統合失調症の場合や、たとえば、知的障害を伴う場合のように、告知にもとづく同意を得られないと思われる時には問題が生じる。そのような場合、過去には、救急治療でない治療が患者の同意なく行なわれた。治療を選択する機会が与えられれば、患者はより良い選択をするというディバインとファーナルド（Devine and Fernald, 1973）の研究結果は、この慣行が実質的にも倫理的にも不適切であったことを示唆する。ケース研究9-1は、そのような慣行がもはや許されないことを示す根拠となる。そして、この判決はその後のあらゆる侵入的な治療に適用された。しかし、そのようなケースで方針を決める際には、患者の健康、生命と福利、そして他の専門家の意見も重要な決定要素となる。

ケース研究9－1　精神保健法に当てはまる患者を同意なしで治療することについて

高等裁判所の判決は、精神年齢5歳の35歳の女性に対して、望まれない妊娠を防ぐためにその女性を不妊にする治療を認めた。患者の母が判決を求めたのだったが、控訴裁判所で、ドナルソン卿は同意をすることができない成人の精神病者（すなわち18歳以上）への非救急医療は合法的でないと判決した。（Guardian, 17 January, 1989）

実際には精神疾患の患者のほとんどの入院と治療は任意である。そして、7パーセントの患者だけが精神保健法下での強制的拘束として公式に記録されている。しかし、多くの「任意の」入院が、実際には強制されたものであると指摘されている。ロジャーズ（Rogers, 1993）は、412人の任意入院患者の報告から、これらの44パーセントが強制入院させると脅されて自発的に病院に入るよう強制されたと指摘する。そのほとんどが、若い独身の統合失調症患者であった。

結果は、個人の自由の喪失と強制的治療にとどまらない。そこには虐待の機会が多く存在する。たとえば、ソ連時代のロシアの精神病院では、政治的な反体制派を拘束していた。精神保健法を適用された個人はまた、他の権利（たとえば銃の所持ライセンスや投票権）を失う。そして、彼らは陪審員となる資格を失う。現在では精神病院への入院を理由に離婚はできないが、結局［結婚責任の］放棄にもとづいて離婚することはありうる。拘束者の郵便については、それが苦痛を招くもの、あるいは治療に有害なものであると見なされるならば、送るほうも受け取るほうも共に阻止することができる。これに対する唯一の例外は、患者が精神保健審査会や内務大臣、もしくは患者の退院を命じる権威をもつ人物や団体に手紙を書く場合である。短期入院でさえ、患者には家庭（Bean and Mounser, 1993）や仕事を失う危険性がある。外来治療でも雇用や社会的支援が脅かされることもある。

身体疾患に関しては、強制入院は実施できないと指摘されている（Szasz, 1962）。したがって、医療モデルに従い、精神疾患を生理的基盤を伴う病気と見なすのであるならば、拘束に関するそのような権限は不適切となる。患者が権利を失うことだけでなく、患者に汚名をきせてしまうことになるという問題を考慮すべきである。たとえば、精神医学的病歴は、将来の就職をより困難にする。

もう一つの問題は**施設症**（institutionalisation）である。長期患者が施設に依存するようになってしまったり、あるいは、彼らが社会で生活していた時から社会が大きく変わってしまうことにより現実社会で自立できなくなってしまう（Goffman, 1961）。たとえばアッシュワース病院やランプトン病院のような専門病院についての最近のレポートで明らかなように、スタッフによる虐待も無視することができない（Martin, 1985）。改革への提案としてイーストマン（Eastman, 1996）が指摘する重要な原則は、相互主義である。市民としての自由がそのような拘束によって侵害されているのであるから、拘束には、現在ＮＨＳ（国民健康保健制度）のもとで提供されている限られた治療ではなく、十分な治療が施されることが大事である。

刑法との関連

精神保健法のもう一つの側面は、もちろん刑事事件への適用である。大きく分けて二通りに訴訟に影響を及ぼしうる。一つ目は個人が裁判に耐えうる能力があるかどうかについての判断、二つ目は個人が犯罪の時点で正気だったかどうかについての判断である（**精神疾患弁護**）。紙面の都合上関連する問題の詳細な考察は省くが、明らかにそのような抗弁は当事者が受ける結果にかなりの影響を及ぼしうる。

◆──診断における倫理的問題

精神疾患患者にとってその「病歴」の第一段階は、おそらく診断であろう。これが後の基盤となるので、診断には明らかに倫理的な影響力がある。先に示したように、誤診の影響は重大であり、それは、自由の喪失や強制的で有害な治療から、生涯にわたりラベリングされ、法律面で、また社会面で不利益をこうむることにまで及ぶ。

誤診──つまり、診断カテゴリーの不適切な適用──について、ライヒ（Reich, 1981）は二つのタイプに分けている。意図的なものと非意図的なものである。

意図的誤診

これは、当人の家族から圧力を受けることによって（その人が快適な生活を送れるようにと心配してか、あるいは家族が厄介者を追い出し、どこか他の場所で世話されることを望んで）、あるいは国から圧力を受けることによって（たとえば、政治的な反体制派を、人道的に見えるやり方で扱っていると思わせながら）引き起こされることもある。圧力は、また、その当人によってもたらされるかもしれない。裁判にかけられて犯罪の結果に直面することを避けようとする犯人が、精神科の診断を得ようとするかもしれない。また、妊娠中絶を望んでいる女性が、医学的正当性を得るためにそのような診断を求めるかもしれない。これらのケースのすべてにおいて、その目的は精神医学的なものではなく、そして、立場によっては、そのようなラベルづけが不当であるという認識がある。しかし、それらはみな、当人あるいは臨床医の誠実さ（あるいは両方とも）に害を与えるという結果をもつことになる。

非意図的誤診

こちらはもっと微妙で、この問題の大部分を占めている。それは、三つの原因に由来すると見ることができる。まず第一に、いくつかの誤診は、症状を分類する際に使われる基準がもつ主観性と、そのシステム自体がもつ信頼性のなさから生じる。第二に、精神疾患についての文化モデルや仮説が、問題を引き起こす場合がある。なかにはそもそも、診断を求めない文化もある。コミュニティでその行動に対処し、その行動を問題とは考えないからである。第1章でふれたように、妄想型統合失調症患者についての記述を精神疾患の人を説明したものと考えたのは、アメリカ人の場合は90～100パーセントであったのに対して、ナイジェリアの多くの地域ではたった40パーセントしかいなかった（Erinosho and Ayonrinde, 1981）。

臨床医がもっている仮説もまた調査されている。コクランとサシダーラン（Cochrane and Sashidharan, 1995）は、多数派の白人の行動が標準とされており、そこから少しでも逸脱した行動は病的であると考えられていると報告した。診断の体系そのものが、白人を基準に作成されたものなのである。イギリスでは西インド諸島系移民やアジア系移民に対して、統合失調症を過剰診断する傾向があることにこの影響が見られる（Cochrane, 1977）。

第三に、刑事事件などにおいて、問題行動が治療により改善が見込める疾患であると保証したり、当人の責任を免除したりするために診断が使われる場合には、不当な適用となりうる（これの例としては、担当していた複数の赤ちゃんを殺害したとして訴えられた、看護師のビバリー・アリットのケースがある。彼女はその後、自分が世話をする人びとを傷つけたいという願望を抱く、「代理人によるミュンヒハウゼン病」と診断された）。他方、診断が否定的に使われる場合もある。当人の自由を侵害し、彼らを社会から締め出すことで、結果として罰のかたちになる場合である。

そして、これは明らかに実際的な問題であるとともに倫理的問題であって、以下の引用が明らかにしているように、その後起こることに多くの影響を与える。

医者－患者関係は、他の援助者－被援助者の相互作用と同様に、ありとあらゆる対人関係のなかでも結果としてもっとも助けにならない関係となってしまうことがよくある。患者の問題を解決することが医者の責任になるならば、患者は気楽にその関係を続けることができる。問題が解決しなくても、それは彼のせいではなく、医者のせいだからだ。（Malleson, 1973: 97）

治療における倫理的問題

治療の選択

診断と治療の関係は、明確に確立されていないことが多い。そのため、同じ問題であっても利用できる施設と専門家によって、または医者の好みによって治療が異なることもあるだろう。ある程度は、病歴や環境要因、気質における個人差がこれを正当化するかもしれない。しかし、他のケースでは科学的な理由で治療方法が決まるというよりも、むしろ現実的な理由で決定されることもあるだろう（繰り返しになるが、イーストマン（Eastman, 1996）は、必ずしも常に適切なサービスが利用可能なわけではないと指摘する）。クライエントに対する不適切な治療の結果が重大なものであることを考えれば、これは倫理的な問題である。

治療の期間

これもまた、患者のニーズよりむしろコストによって決まるかもしれない（たとえば、NHS（国民健康保険制度）のもとでは短期間すぎるし、個人開業医にかかる場合には非常に長期間にわたるだろう）。長期間かかる治療アプローチよりも、たとえその効果が短期間しかもたなくても、即効性のある治療が優先して提供されるかもしれない。

治療の効果

当該の疾患についてその治療方法がどれくらい適切だと評価されているかということも、問題となる。治療には潜在的に危害を与える可能性があることを考えれば、そのような評価が倫理的に必要だといえる（Mair, 1997）。治療が成功する見込みを判断し（実際それが知られているならば）、患者と話し合わなければならない。

治療のゴール

多くの治療がクライエントを社会に同調させることを目的としているのではないかという議論がある。たとえば過去には、同性愛者に、「通常の」性的指向をもてるようにするため嫌悪療法が使われた。現在では、より実際的に社会に適応できるようにしたり、彼らがもつ困難によりうまく対応できるよう援助したりしつつも、クライエントの個性を尊重することを以前より強く強調するようになっている。しかしながら、目標設定が共同で行なわれたかどうかに関係なく、セラピストの志向は、クライエントのセラピーへの取り組み方に重要な影響を及ぼしうる。クライエント、クライエントの家族、そして社会一般で、それぞれのニーズが異なるということは、クライエントにとってもセラピストにとっても大きな葛藤のもとなることがある。たとえば、家族療法が行なわれている時、確実に参加者すべての権利を考慮するという倫理上のニーズは、とくに問題を孕むだろう。

治療のタイプ

個々の治療アプローチも、それぞれ特有の倫理上の問題に直面している。たとえば、**行動主義的技法**は、かつて、操作的であるということで批判された。食物剥奪や、「タイムアウト」（隔離にまで及ぶ可能性がある）、強化として嫌悪手法を用いることは、人権の侵害であるとして大いに非難された。この最近の例としては、障害のある若者のための、政府による社会福祉事業所のいくつかで行なわれた「ピン・ダウン（束縛）」システムがある。独房監禁やコンプラン［ミルクをベースとした代用食］が望ましくない行動を除くために使用されたが、一般の人びとからの抗議を受けて廃止された。第4章で論じた「ひと嗅ぎ、ひと含み、そして吐き出せ」システムが物語るように、嫌悪手法は近年和らげられている。フラッディングのような曝露療法もまた有害でありえる。慎重に使わないと、血圧の上昇や心臓発作に至ることさえある。

現代の行動主義的セラピストは、クライエントと一緒にゴールを設定するために、また、強化の管理をクライエントに任せるために（「自己強化」として知られる）、一定の時間を費やす。問題について述べることができなかったり問題を理解することができないクライエントの場合、たとえば重度の精神病患者または重度知的障害のある人の場合は、意思決定に参加するという課題はとても深刻な問題になる。このタイプの治療は、治療を必要とする症状を、その人のそのほかの人格部分と切り離して考えるため、クライエントの人間性を奪う治療方法だとしていまだに多くの批判がある。根底に流れる問題については治療されないため、後々、問題を引き起こすことがありうるという事実もまた、倫理的ジレンマである。

身体医学的治療は、主として、この療法を用いた際の副作用（第2章で詳述した）というかたちで、また違った倫理問題を引き起こす。たとえば、マイナー・トランキライザーによって生じる鎮静状態は、家庭内の事故や自動車事故の危険性を高める可能性がある。メジャー・トランキライザーは遅発性ジスキネジアのような恒久的な身体的損傷を与えることがあり、リチウムは腎臓障害を引き起こすことがある。これらの治療の多くが副作用を伴うため、治療による利点が犠牲にするものを上回るかどうか判断するためには、**費用対効果分析**（cost-benefit analysis）を行なわなければならないこともよくある。たとえばECTや抗躁薬のように、作用機序の知見がまだ不完全な治療方法もたくさんあるので、これ自体簡単な作業ではない。患者が問題を理解できないというケースもありうるが、可能なかぎり、このような決定は患者と話し合って行なわれなければならない。しかしそれ自体、確実に行うのは難しいかもしれない。たとえば、アーウィンら（Irwin et al., 1985）は、詳しく質問してみると、治療による代償と利点を理解していると主張した患者のうち、本当に理解していた人はそのうちの25パーセントにすぎなかったと述べている。

患者はどのような危険でも知らされなければならず、また治療について患者の「インフォームド・コンセント（告知にもとづく同意）」を得なければならない。治療に代わるものとしての薬物の使用（「化学的拘束衣」として）や、またはストレスや病的なほどではないうつへの安易な解決方法としての薬物の使用もまた、批判されるだろう。イリイチ（Illich, 1975）は「人生の医療対象化」について述べている。つまり、私たちは上手に対処するためには処方薬を得られればいいと思うようになってしまった、というのである。マレソン（Malleson, 1973: 77）は次のように述べている。「ロンドンでの一般診療で私が診ている３００人の継続患者のうち、15パーセントだけしか薬を処方するに値すると私には思えなかった。しかし……ここまで私が処方率を下げたなら……、待合室に暴動が起こったことだろう」。

精神分析にかかわる重大な問題は、常にセラピストによる支配の恐れがあることだ。パワー・バランスはセラピスト側に大きく偏っており、そして、力を乱用することは簡単である（Masson, 1988）。平等主義的な関係がセラピスト支配に代わるものとして提唱されるが、多くの人びと（たとえば Parsons, 1951）は、これが治療に対する患者の信頼を揺るがすかもしれないと感じている。専門家に対する依存を助長することには注意が必要だろう。しかし、治療の開始時がその依存を取り除く試みに最良の時期と場所であるかは、慎重に考慮すべき問題である。他の洞察療法と同様、治療中に誘発された情動的苦痛についての懸念もある。この点に関して、児童虐待についての記憶を取り戻す（事実かもしれないし偽りかもしれない）ことの問題点を、メイアー（Mair, 1997）は指摘している（第８章を参照）。

性的虐待

治療のタイプを問わず、治療者－患者関係でもう一つ懸念される点は、性的虐待の問題である。イギリス心理学会（Lindsay and Colley, 1995）のメンバーが直面した倫理的ジレンマの調査では、報告されたジレンマのうち6パーセントが性的な問題に関するものであった。これらの一部はスタッフ－学生関係で、他は治療者－患者関係と治療者－元患者関係であった。ギャレット（Garrett, 1994）は、10パーセントのセラピストが一人ないしそれ以上のクライエントとの性的接触を認めていると、数々の研究を再検討して報告した。しかし多くの個人開業医が、複数の不適切な権力の使用を認めている。ある研究では、参加した臨床心理士の80パーセントがこれを認めていた。これが法的に問題となるのは、暴力や不正行為が含まれる場合だけである。しかし、そのような出会いが権力の乱用を意味し、治療に悪影響を及ぼすなら、依然として倫理的問題が生じる。

性差別

一部の研究者（たとえば Worell and Remer, 1992）は、精神疾患を分類するシステムにはバイアスがかかっていると主張した。そして、標準的な女性的行動を示している女性が特定のカテゴリー（ハミルトンら（Hamilton et al., 1986）が指摘している演技性人格障害など）に分類されてしまいやすいという。セラピーでも、依存を、男性ではなく女性に典型的なものと見なす傾向が強い。したがって、セラピストのステレオタイプによって、それぞれで異なる行動を助長してしまう可能性がある。治療は、他の方向でもバイアスが生じる可能性がある。たとえば、いくつかの治療アプローチでは、統合失調症や幼児自閉症を精神病的な母親と一緒に暮らした結果であるという見方をする。したがって、そうしたセラピストは家族のどの成員より、母親を病的と見る傾向が高いだろうし、また問題に潜む他の原因を無視してしまうかもしれない。

文化的問題

第8章で取り上げたように、文化が異なれば、治療やセラピストへの人びとの反応も異なる。この点は、その人にとって何が適切かを決めるような、文化的に注意を払うべき問題の場合に考慮する必要がある（Baron, 1989）。治療を選ぶ際にも、文化的なバイアスが生じる。たとえばフェルナンド（Fernando, 1988）は、西インド諸島系の患者がもっとも強制入院させられやすく、西インド諸島系、インド系、アフリカ系患者はより閉鎖病棟に置かれやすく、そして、アジア系患者はよりＥＣＴを受けやすいと報告している。

秘密保持

セラピストは、状況によってはクライエントに関する情報を明かすよう迫られることがある。児童虐待がある場合、あるいは、クライエントがテロ防止法（１９８９）に関連して調査されている場合には、法的に要求される。その他には、警察および刑事証拠法（１９８４）にもとづくものがあり、記録の開示は、裁判官署名の捜査令状を必要とする。これは法的な理由にもとづいて行なわれるものであり、セラピストは記録を捜査に提供するよう裁判所からの指示を受ける。クライエントが同意するならば、セラピストは秘密保持に関する権利を放棄する。クライエントが同意しない場合は、クライエントの精神状態が重大な問題であると裁判官が判断した時点で、開示が命じられる（Jakobi and Pratt, 1992）。

より一般的には、守秘を求める患者の権利が、他の人が情報を求める権利と衝突する時に問題が起こる。たとえば、患者の家族は、患者が自殺の危険をもっているかを知る権利があると考えることができる。アメリカでは、1974年の**タラソフ判決**で「公共の危険が始まる時、クライエントの保護特権は終わる」とされた。それはもし患者が危害を及ぼしそうだという場合には、セラピストは、被害者となる可能性のある人と当局の両方に通報しなければならないことを意味する。イギリスでは、こういう状況で開示する法的義務はないが、セラピストは道徳的責任を感じるかもしれない。

自　殺

自殺はもはや犯罪でないが、自分で自傷の危険にあると切実に感じるならば、精神保健法にもとづいて拘束されることができる。さらにまた、自殺する患者を保護しようとしなかった精神保健の専門家は、過失で告訴されうる。倫理的ジレンマは、人は個々に自律的であり自身の命について決定する権利があるのかどうか、また、十分な道理にもとづいて自分で判断できない人を保護するために家父長的なアプローチが用いられるべきなのかどうか、である。サズ（Szasz, 1974）は、自殺の可能性のある人を拘束することは、人びとの移住を拒否するのと同じであると主張した。しかし当事者や彼らを知っている人びとにとってこの二つがもたらす結果はまったく異なるので、この喩えを受け入れるのは難しい。

治療の終結

前に述べたように、費用が治療終結の決定に影響を与えることがあり、その状況次第で治療を短くすることもあるし、延長されることもある。クライエントもセラピストも、他の要因と同様に費用の問題も考慮するだろう。患者はセラピストとの関係を長く保ちたいのかもしれないし、一方で、セラピストはセラピーの「成功率」を上げたいかもしれない。合意に至るには、両者ともにこれらの傾向を避けなければならない。入院患者に対して早くベッドを空けて費用を削減するよう促すプレッシャーや、専門コミュニティ・ケア・グループからのプレッシャーは、早く治療を終結させるよう働くだろうが、それは、必要以上に治療を長引かせることと同じくらい、患者にとっては利益にならない。

倫理問題は、精神疾患の研究にかかわるものについてももちろん考慮されなければならない。これらについては第8章で取り上げたが、ここでは以下のように要約できるだろう。秘密保持の必要性、参加に際してのインフォームド・コンセント（告知にもとづく同意）の必要性、「最高の治療」対実験条件への「ランダムな配分」のジレンマ、そして、統制群を使用すること（たとえばプラシーボ（偽薬）群やウェイティングリスト）。これらすべてが、倫理上の要件として評価が必要とされているということと、危害を最小にするという原則に釣り合うことが大切である。

おそらく、この章は、危険についてどう考えるかということに言及して終えるのがふさわしいだろう。ピルグリムとロジャーズ（Pilgrim and Rogers, 1996）は、この問題には二つの側面があると述べている。患者による社会への危険と、治療による患者への危険である。これは、問題をうまく要約しているように思う。これらの二つの面は、地域でのケアを考慮する際にもっとも鮮やかに浮き彫りとなる。それについては、第10章で重要なトピックとして取り上げている。

◆――章のまとめ

１９８３年の精神保健法は、精神疾患患者を強制的に拘束し、治療することを許可するさまざまな区分から成っている。救急治療は別として、すべての治療は、患者の同意を必要とする。自由や他の権利を失うとともに、拘束することで、汚名をきせることになったり、施設症、虐待という結果を招く可能性がある。刑法の分野では、裁判に耐えうる能力と精神疾患弁護がその主な目的となる。

倫理問題は診断場面でも起こり、意図的な誤診と非意図的な誤診の両方が起こりうる。治療に関しては、選択、期間、効果、目標、治療の種類のすべてに倫理的な観点を見出すことができる。性的虐待や性差別、文化的な問題、秘密保持、自殺、治療終結についても、慎重に考慮されなければならない。

読書案内

Pilgrim, D. and Rogers, A.（1996）'Two notions of risk in mental health debates', in T. Heller et al. *Mental Health Matters*, Milton Keynes: Oxford University Press. セラピー産業の倫理面についての、説得力ある解説である。

Illich, I.（1976）*Medical Nemesis*, London: Calder & Boyars.（イリッチ『脱病院化社会――医療の限界』〈晶文社クラシックス〉金子嗣郎訳、晶文社、１９９８）人生を医療対象化することと、その悪影響についての古典といえる批判。

第10章　結論——臨床の実践

◆折衷的アプローチ

本書では精神疾患に対するさまざまなタイプの治療やセラピーを見てきたが、そこには幅の広い可能性があることがわかった。評価を見ると、そのいずれにも長所と弱点があるようだ。それでは、臨床家はそのなかから治療法（セラピー）をどのように選び出せばよいのだろうか。

もっとも一般的な選択肢はただ一つ、**折衷的アプローチ**（eclectic approach）であり、セラピストの40パーセントが採用している（Hock, 1992）。これは、セラピストが、クライエントごとにそのクライエントにもっとも適しているセラピーを選ぶ、ということである。理論面からの考慮や、必要な費用や治療期間の長さ、訓練を受けたセラピストがいるかどうか、そして問題となっている障害で治療効果がどの程度見込めるか、といったことにもとづいて、その方法が選ばれる（Dallos and Cullen, 1990）。

折衷的アプローチとは言っても、そのためのシステムの形式を整える必要がある。そのために、シャピロ（Shapiro, 1985）は臨床実践の**科学者－実践家モデル**（scientist-practitioner model）を提案した。これによれば、臨床を実践する者は、クライエントに働きかける時に科学的なアプローチをとる必要があるという。ダロスとカレン（Dallos and Cullen, 1990: 752）は、この科学的アプローチには「問題の明確な描写と、心理学的知見から導き出されたいくつかの別の仮説の設定、そして観察やモニタリング、他の治療法の評価によって仮説を吟味すること」が含まれるべきだと指摘している。これは、治療法を選ぶ時には、心理学の理論や調査結果だけを考慮すればよいわけではなく、個々の事例について、それぞれの症状とその原因の組み合わせを分析する必要があることを意味している。それを踏まえてのみ、適切な治療法を決定し、評価し、よりふさわしいかたちで用いることができるのである。

このアプローチの重要な要素は**漸進的仮説生成**（progressive hypothesising）であり、これは最初のアセスメントから得た仮説にもとづいて特定の治療法を選び、得られた効果をモニターしながら、仮説と治療法を調節していくものである。必要があれば、これを治療が終結するまでに何度も繰り返すことができる。そして最後は、観察などの客観的な基準とクライエントの主観的な報告の両方にもとづいて評価される。このプロセスを図10-1に示した。

精神疾患のさまざまな側面は時間と共に変わりがちであることを考えると、このアプローチの重要性がとりわけ明らかになるだろう。状態が変われば、適切な理論モデルや治療法も変わる。うつ病を例にあげれば、タイラーとスタインバーグ（Tyrer and Steinberg, 1987）は、以下のように、症状の経過には四つの段階があることを明らかにした。

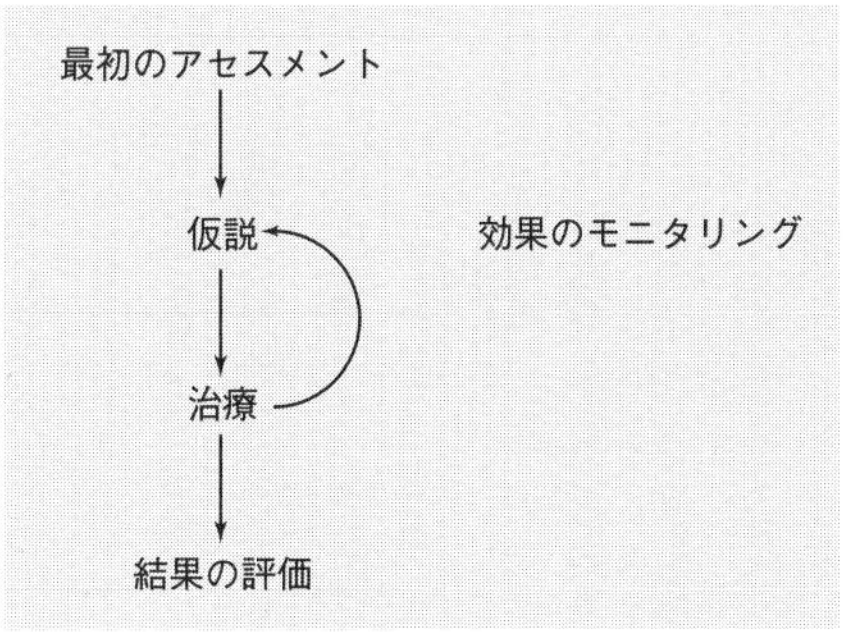

図10-1　漸進的仮説生成

精神疾患の経過段階

1　**混乱した段階**　これは、危機状態に陥った時であり、この時には医学的モデルが適切であろう。入院や薬物治療などのすばやい対応につながる。

2　**行動を変える段階**　ここでは、社会から引きこもっていることが主な問題であるため、学習モデルが適切であろう。これは行動療法や行動変容療法を用いて症状への対処を目指す。

3　**症状の段階**　ここでは、生きることへの関心がなくなることが主な問題であり、精神力動的モデルが役立つと思われる。治療法としては精神分析が選ばれるだろう。

4　**情緒的な苦痛の段階**　この段階では、気持ちが混乱し否定的なものとなるので、社会的モデルが用いられるだろう。社会との接触を増やし、ライフスタイルに変化をもたらすよう、人間主義的療法が中心となる。このアプローチに従えば、その疾患の変化に応じて、身体的な治療から人間主義的療法へと変化する。治療よりも予防に重点が置かれるなら、この順番ではなく、援助方法は人間主義的アプローチが最初になるだろう。

評　価

ダロスとカレン（Dallos and Cullen, 1990）によると、科学者－実践家モデルには利点が二つあるという。

・このモデルでは、臨床家は自分の仮定と治療法の選択を絶えず吟味し直すことになる
・このモデルは、臨床家にこれまで蓄積してきた情報を整理するための枠組みを提供する

しかし、このモデルには実用上の批判がないわけではない。たとえば、パリー（Parry, 1996）は、過去40年にわたって、研究結果が実践に与えた影響は少ないと指摘する。曝露療法を例にとれば、恐怖症の治療としては第一選択肢であることが確立されたが、ＮＨＳ（国民健康保険制度）にはそれを提供できるだけの十分に訓練されたスタッフがいない。

財政面での問題も含めて、研究と実践との関係を改善するには、次のように二つの方法があるとパリーはいう。

1　実践家になじみやすい研究を計画すること。研究がより現実的で、よりよく計画されたもので、そして実践家の目にとまりやすいものであれば（たとえば、より適切なジャーナルに掲載するなど）、もっと多く利用されるだろう。また重要なことは、研究で見られたどんな変化も、統計的にだけでなく、臨床的にも意味のあるものであり、その疾患の注目に値する改善につながるものだということである（Jacobson and Truax, 1991）。

2　研究に通じた実践家を育てること。もし実践家が勉強する時間や自分で研究を行なう時間をもっと多くもてれば、新しい発見に敏感になり、科学者 - 実践家モデルをもっと活かすことができるだろう。

◆コミュニティにおけるケア

烙印押し（stigmatisation）や施設症に関する問題は、ゴフマン（Goffman, 1961: 309）などによる精神病院についての批判により提起された。次はゴフマンからの引用である。

自分の問題が、治療して治れば忘れられるような単なる病気の一種であるという見方を拒否するのは、ひとり患者だけではないように見える。ひとたび精神病院に入院していたと記録されれば、公式にも非公式にも、日常の社会的な扱いの上で、人びとはその人から距離をとる。人びとはその人に烙印を押すのである。

これに端を発して、精神疾患で苦しんでいる人には病院が最適な場所ではなく、コミュニティでのケアのほうが良い選択であるという主張がなされた。

1989年にイギリス政府は「人びとへのケア（Caring for People）」という政府白書のなかで、心の健康に問題をもつ人たちには、社会福祉課によりコミュニティ・ケアが提供されるべきだと提案した。これは、入院措置の減少につながった。たとえば、1966年には精神病患者のためのベッド数は12万床だったのが、1990年には5万7000床になった。また、多くの長期入院患者が退院し、コミュニティへと帰っていくことにもつながった。1950年代以降、アメリカとイギリスで退院が認められた患者は50万人以上にのぼる。そして、次のようなものを含む計画のもとで、幅広いコミュニティ・ケアが提供されている。

・**住居のサポート**　安全性の高い施設から、24時間看護の保護施設、スタッフのいないグループホーム、そして通常の住宅に至るまで、さまざまなものがある。危険な状況にある人には、短期の急性期施設や危機時の宿泊施設なども提供される。

・**デイケア**　通所型の地域精神保健センターやサポート・グループ、雇用支援、外来治療のための病院、家族が仕事でいない間のデイケアなどを提供する。

・**在宅ケア**　地域精神保健のスタッフが訪問する。

その開始期から、コミュニティ・ケアのプログラムは議論を巻き起こしてきた。

評　価

コミュニティ・ケアの**肯定的な**面としては、次のようなことがあげられる。

・施設症や施設への依存を防ぐことができる。

・問題が生じた環境の中でその問題に直面するので、回復が早いかもしれない。患者は、日常生活の中で問題への現実的な対処方法を身につけていかなくてはならない。

・他者の混乱した行動を学ぶのを防ぐ。こうした学習は、社会から切り離されて一緒にまとめられた施設の中では起こりうることである。

・ラベリングの可能性を低減する。患者は差別的に見られがちな「精神病院」（俗に「loony bin（気違いの貯蔵所）」や「funny farm（気違い病院）」と呼ばれる）で過ごしていないからである。

・烙印押しを減らすことにつながる。社会全体が精神疾患についてもっと知るようになるからである。

・患者が、家から遠く離れた場所で治療を受けることによって家族から引き離されなくてすむ（これは古い病院のシステムではよく起きていた）。

・患者がコミュニティに復帰する時の困難や、ライフ・スキルを学び直す必要を減らせる。

しかし、こうしたプログラムには**否定的な**面もある。

・単に、患者をケアする負担を患者の家族に移すだけかもしれない。

・地元住民からの反対や敵意が患者に向けられるかもしれない（これは**NIMBY**（NIMBY, Not In My Back Yard）問題というもので、人は自分の隣に建てられるのでなければ、地域寮などに反対はしないのである）。

・専門のスタッフや治療に、必要な時にすぐかかりにくくなるかもしれない。

・不適切なケアで、患者が悪化したり、帰る家を失ったり、孤独を感じたり、無視されたり、薬物中毒になる可能性がある。

・設備に資金を出したり、スタッフをそろえたりするために、地元の社会福祉課や納税者への負担が増える。

・患者の安全の問題と地域住民の安全の問題。これは、患者が自殺したり地域住民に危害を加えたりしたケースがマスコミで報道された結果、議論の的となってきた。この問題について次にもう少し考えてみよう。

ピルグリムとロジャーズ（Pilgrim and Rogers, 1996）は、「精神科的な診断を受けている人の大多数は暴力的ではなく、そして社会における暴力のほとんどは精神科的な診断を受けた人によるものではない」という。この問題は、報道によって生まれた偏見により誇張されてきた可能性がある。暴力事件があると精神科の通院歴が調べられることが多く、そのため、その時点では暴力とはまったく関係がなくても、精神疾患によるものとされてしまう。

重要な鍵となるのは、患者が暴力的になる可能性があるかどうかを予測する臨床家の能力である。リッツら（Lidz et al., 1993）による研究では、臨床家は男性患者の暴力を予測することは有意にできたが、女性患者についてはそうではなかったという。１９９６年には、「精神病者による殺人や自殺に対する機密調査」が公開された。報告された１００例のうち、精神病院での長期入院から地域に出てきた患者によるものは一例もなかった。他にもデイソン（Dayson, 1993）による研究では、２７８人の患者を退院後一年間フォローアップしたところ、暴力沙汰を起こしたのは二人だけで、そのうちの一人は見ず知らずの人に対してではなく、自分の父親に暴力をふるったのであった。このように、とくに親族以外には、概して危険性はきわめて低いようである。

コミュニティ・ケアについての評価研究も行なわれている。メルツァーら（Meltzer et al., 1991）は、ロンドンの急性期病棟を退院した１４０人の統合失調症患者の追跡調査を行なった。一年後、４人は亡くなっており、50パーセントは状態が良くなく、10パーセントは働いていた。その多くは貧しい環境に置かれ、援助はほとんどなされていなかった。アンダーソンら（Anderson et al., 1993）は、長期入院患者について、在宅ケアに移った後のほうがクオリティ・オブ・ライフや満足感が増すと報告している。しかし、ミュイジェンら（Muijen et al., 1994）は、精神病の症状や社会的機能に関しては、コミュニティ・ケアから得られる効果はほんのわずかなものであるという。このように、満足感や援助を受けることに関して、利用者は肯定的な反応をしているようだが、その人の機能の客観的測定には必ずしも反映されないという結果が示されているようだ。

コミュニティ・ケアの問題を終える前に、ベルギーのヘール（Geel）という町で実施された、このアプローチに関するもう一つの見解を見ておこう。ケース研究10‐１に概要が示してある。

ケース研究10‐1　ヘールでのコミュニティ・ケア

このコミュニティでは、１２５０年から続くケアの伝統がある。精神病患者は、地元の精神病院からのサポートを受けながら、その地域の家庭で暮らすのである。受け入れ家庭と患者のどちらも、厳密に選ばれる。１９３８年以降では３７３６人の患者がこの方法によるケアを受けた。受け入れる家族は、これを正当なビジネスだと考えているが、その実施については伝統的で厳しい決まりがある（たとえば、患者を家族の一員と見なすことや、親が死んだらその子どもたちがこの務めを受け継ぐことなど）。また、他の家庭からは多くの社会的支援が得られる。大きな事件や混乱は報告されておらず、多くの患者は通常の活動に参加できている。たとえば、40パーセントは買い物の手伝いをしている。（Sedgwick, 1982）

セラピーに反対する主張

最後に、そもそも実際にセラピーが役立つといえるのかという問題を考慮しなくてはならない。これまでの章でも、心理療法が必ずしも、それを受けた人の状態を改善するとは限らないことを指摘してきた。また、社会－文化的モデルを提唱する人は、セラピーが真の問題に立ち向かわないので不適切であると感じていることも見てきた。セラピーを用いることへの批判については主に、ハワース、マッソン、スメイルによるものの三つがある。ここでは、彼らの主張を見てみよう。

ハワース（Howarth, 1989）は、どの種類のセラピーを用いても、クライエントにとっての結果は同じようなものになるという研究結果にもとづいて論を展開している（第8章参照）。また、セラピストをトレーニングしても効果は上がらないという研究結果もある（Berman and Norton, 1985）。ここからハワース（Howarth, 1989: 150）は、「心理療法家は自分たちが何をしているかわかっておらず、そして他の人を訓練することもできない」と結論づけた。これに加えて、セラピーがクライエントにダメージを与えることもあるという結果も見られる。第8章で述べたメイアー（Mair, 1978）の研究は、これをよく示している。他にもマッコード（McCord, 1978）の研究があり、これはロジャーズ派のカウンセリングを5年間受けて終結した250人のクライエントと、これに対応する統制群250人の30年後を調べたものである。治療を受けた群の80パーセントはカウンセリングが役に立ったと考えていたが、実際には統制群に比べて、仕事や犯罪、健康などの面で劣る結果であった。

マッソン（Masson, 1988）は、フロイト派とユング派の精神分析的療法、およびパールズとロジャーズの人間主義的アプローチを調べ、彼が誤ったプロセスと見なす点を非難した。彼の前提は、セラピストはその立場のゆえに、「助けを求めてくる人の尊厳や自律性、自由を低める」（1988：24）ことが避けられないというものである。マッソンによれば、「この本で見てきたセラピーはどれも……社会的不公平さについて関心を示していない。どれも身体的虐待や性的虐待への関心を示していない。どれも政治的現状を維持することをひそかに受容している」（1988: 285）という。

スメイル（Smail, 1987: 57）も同様に、セラピーが圧制的であると主張し、「現代社会への心理学のもっとも重要な貢献は、科学や治療というよりも、管理を強めたことである」と述べる。彼の見解では、セラピーの問題点は、個人に焦点を合わせて、変化が起こりうるミクロな環境を提供することで変化を起こそうと試みていることであるという。こうしたプロセスを使って個人を既存の社会構造に当てはめるのではなく、より適切な社会構造や生き方をもっと研究することが必要だと彼は主張する。「社会がそのやり方を改めないかぎり、私たち個人の生活が改善されることは期待できない」（1987: 157）。「私たちは痛みに苦しむゆえに、お互いを傷つけ合ってしまう。そして、傷つけることを続けるかぎり、痛みに苦しみ続けるだろう」（1987: 1）。

イギリス政府の「国民の健康（Health of the Nation）」政策に示されている他の健康問題と同様に、治療よりも予防に努めるのがより良いアプローチであることは明らかである。この点で、バスフィールド（Busfield, 1996: 141）はスメイルの主張を補強し、「予防的な社会的介入がないのは、知識がないからではなく、たいていは政治的な意志の欠如の問題である」と論じる。したがって、臨床心理学やその他のケアがコミュニティに戻されるべきかどうかを決めるのは、こうした研究者たちが提唱するような革新的な社会的介入を開始し、コーディネイトする力をもっている国家にかかっている。

◆――章のまとめ

この章では、精神疾患への心理的治療が実際にどのように行なわれるのかを考察してきた。折衷的アプローチや、それが科学者－実践家モデルを重視して、治療をより科学的で研究結果にもとづくものにしようとしていることを見てきた。また、近年発達してきたコミュニティでのケアについて説明し、評価した。最後にセラピーの有効性を受け入れず、代わりに予防的な社会的対策を求める三人の研究者の見解を示し、セラピーに対する肯定・否定の見解を強調した。

読書案内

Busfield, J.（1996）'Professionals, the state and the development of mental health policy', in T. Heller et al.（eds.）, *Mental Health Matters*, Milton Keynes: Oxford University Press. 歴史面からのアプローチを用いて、政策立案について忌憚のない批評を載せている。

Dryden, W. and Feltham, C.（eds.）,（1992）*Psychotherapy and its Discontents*, Milton Keynes: Oxford University Press. セラピーに賛成・反対する議論を扱った論文集。

Smail, D.（1986）*Taking Care: An alternative To Therapy*, London: Dent. 個人的な苦痛の社会的な原因を分析し、セラピーよりもケアを支持する。説得力のある見解である。

Smail, D.（1991）'Towards a radical environmentalist psychology of help', *The Psychologist* 2: 61-65. そこに住む人よりも、その住環境の変革についての提案の概要を簡潔にまとめた論文。

第11章 重要研究

論文1

アリオンとアズリン『トークン・エコノミー』

Allyon, T. and Azrin, N.（1968）*The Token Economy*, New York: Appleton Century Crofts.

注目点

これは、施設症に陥っている精神病患者に行動療法を用いた革新的な研究で、心理学に「トークン・エコノミー」という手法を導入したものである。以来トークン・エコノミーの方法は、精神医学に限らずそれ以外の分野も含めて、幅広い状況に適用され、成功をおさめている。この方法は、操作的であり、強化がなくなった時に再発の危険があるとして批判されてきたが、その治療現場への貢献は過小評価できない。

表11-1　トークンが使える強化子の種類

他の患者との接触	たとえば，寝室の選択（0-30トークン），食事仲間の選択（1トークン），自分用の椅子の選択（1トークン），自分用のキャビネットをもつ機会（2トークン）
病棟を離れる機会	たとえば，庭の20分の散歩（2トークン）から，街への外出（100トークン）まで。
スタッフとの個人的交流	1分あたり1トークンの病棟スタッフとの交流から，100トークンでソーシャルワーカーに話を聞いてもらうことまで。
レジャーの機会	病棟で映画をひとつ観るのは1トークン，テレビ番組を選ぶのは3トークン。
個人所有	消耗品は5トークンまで，化粧品10トークンまで，衣類400トークンまで，観葉植物のような特別リクエスト50トークンまで。はっきり言えば，ぬいぐるみが大人気！

要約

この研究のねらいは、精神病の入院患者に行動の強化をすることであった。適切な行動の直後に強化がすみやかに与えられるよう、トークンやその他の二次的（学習された）強化子が用いられた。強化は、望ましい行動の直後がもっとも効果的だからである。床掃除のような行動が強化する行動として選ばれた。患者に役立つ行動と思われたことと、客観的に観察することが容易だったからである。強化子としては、効果的であり、かつ病棟の自然な環境内にあるものが選ばれた。たとえば、部屋や椅子の選択、庭の散歩、社交の機会などである。用いられた強化子の種類を、表11-1にまとめておいた。

すべての実験はA-B-Aデザイン（ベースライン-介入-ベースライン）に従って行なわれ、患者が自身の統制群となった。全体で六つの実験が、最大44

人の患者で行なわれた（実験のいくつかは、わずか5人であった）。患者はほとんどが統合失調症だったが、何人か知的障害者もいた。入院年数は1年から37年であった。

実験の結果、この強化手続き——望ましい行動が行なわれたらトークンを与える——の導入によって、それらの行動が増加した。トークンを与えるのをやめると、行動は再び減少した。もっとも効果的だった強化子は個人の好みによって異なり、またすでに患者のレパートリーにあってよく行なわれる行動、たとえば一人の時によくする行動などと関連していた。この手法は慢性のケースにも効果的であったが、食事と寝ること以外にはほとんど行動を示さず、したがって強化子として利用できる行動がわずかしかなかった8人の患者では、効果がなかった。この手法は、精神疾患の患者に自力で機能するよう促すのに有効である、と結論された。

論文2

クラーク「パニック障害の治療」

Clark, D.（1993）'Treating panic attacks', *The Psychologist* 6: 73-74.

注目点

この論文は、パニック障害の認知的基礎と治療に関する著者の一連の重要な研究のサマリーである。これは、注意深い研究が、特定の障害に対するもっとも効果的な治療と仮説との結びつきをどうきちんと示すことができるかについての、良い例である。

要約

パニック発作はパニック状態に伴う激しい身体感覚を経験することから、初期の研究者たちは、この障害が生理学的基盤をもつと考えた。自律的な興奮の高まりがどこからともなくやってきて、きっかけも見られず、動悸、激しい息づかい、極度の不安感におそわれる。クラークによれば、中心的な問題はじつは思考の障害であり、そのせいで患者は身体からのフィードバックを心臓発作や窒息などの重大な身体的問題を示すものとして誤って解釈しているという。研究から、このような患者は統制群よりも、身体感覚を重大な問題の兆候だと解釈しやすいことが示されている。そのため彼らは過剰に警戒し、危険な信号がないかと身体をくまなく監視し、そのような感覚を引き起こす運動などの行動をさしひかえるようになる。「息切れ－窒息」のような文字列を見るだけでさえ、発作を引き起こすに十分である。

いくつかの国でこのような患者に認知療法による治療を行ない、統制された研究がなされたところ、この療法が、パニック障害の治療に90パーセントの効果をもつことが示された。認知的アプローチには次のようなことが含まれる。身体からの信号の破滅的な解釈の特定、代わりとなる反応の生成、代替反応の正しさを話し合いと行動的実験によって確かめること（たとえば、患者に、発作がやってきそうだと感じた時、普段やっていることとは違うこと、たとえばすばやく座る代わりに腕立て伏せなどをしてもらう）。

評価研究により、認知行動療法、応用リラクセーション・トレーニング、ウェイティングリスト統制群、化学療法群（6ヶ月にわたって、抗うつ薬イミプラミンが投与された）が比較された。すべての治療条件について、患者に治療の有効性を評価するよう求めた。すべての条件が、患者がそれを論理的だと考えるか、効果がありそうだと思うか、友人に勧めるか、という点に関して等しいことがわかった。統制群（ウェイティングリスト）に比べて、三つすべての群が、発作記録に記載された発作回数で測定して、効果があった。認知行動療法は認知の変化を引き出し、パニック発作の頻度を減らすのにもっとも効果があった。3ヶ月後、認知行動療法群の90パーセントが治癒した。化学療法群では50パーセントであった（化学療法群は、投薬中止後再発が見られた）。ウェイティングリスト群の自然治癒の割合は、わずか7パーセントであった。8つの統制された実験をメタ分析したところ、認知行動療法を受けた患者の83パーセントが追跡調査時にも発作がなく、したがって、認知行動療法がこの障害にはもっとも効果的な治療法であると思われた。

論文3

マークスとオサリヴァン「広場恐怖／パニック障害および強迫性障害への薬物治療と心理学的治療――レビュー」

Marks, I. and O'Sullivan, G.（1988）'Drugs and psychological treatments for agoraphobia / panic and obsessive-compulsive disorders: A review', *British Journal of Psychiatry*, 153: 650-58.

注目点

これは、二つのタイプの神経症に対する、広範囲にわたる異なる治療法、および治療法の組み合わせを比較した、古典といえるレビュー論文である。この論文の重要性は、ある治療法が効果があったかをどう判定するかについての議論と、治療にかかわる決定をする際の、重要な留意点を詳細にリストアップしているところにある。

要　約

タイトルにある障害に対するもっとも一般的な治療法が、この研究でレビューされている。効果測定の方法は、以下のとおりである。

1　特定性――どの症状が改善するか
2　効果の大きさ――どの程度の改善が示されるか
3　遅延――改善が示されるまでどれほどかかるか
4　改善の持続――短期的、長期的両面で
5　代償――たとえば、治療の副作用
6　他の治療法との相互作用

7　他の治療法との関連におけるトレードオフ

ここで取り上げられた心理学的治療法は曝露療法で、患者は恐怖を覚える対象や儀式的行動を引き起こす刺激を避けることなく、接触を維持するよう促される。この療法が、マークス（Marks, 1987）の本にもとづいてレビューされ、これらの障害にもっとも効果的な心理学的介入であることがわかった。患者が示した改善は、治療後は通常の生活を送ることができ、そうした改善は治療開始数時間後から始まっていた。治療停止後、もし再発した場合は補足治療を行なって、その効果は最大8年間持続した。唯一の難点は、最初はこの療法が患者にとって不快なことである。

薬物療法を評価するために17の薬物療法がレビューされたが、三環系のイミプラミンやモノアミンオキシダーゼ阻害薬（ＭＡＯＩ）などの抗うつ薬からベンゾジアゼピンなどのトランキライザーまで、さまざまな薬物をカバーしている。取り上げられた研究はすべてプラシーボによる統制群を用い、二重目隠し法を採用していた。これらの薬物はその効果が非常に広汎で、行動のさまざまな側面に影響し、変化が現れるのに多少の時間を要した（いくつかのケースでは、数週間を要した）。再発の問題があり、引き起こされた変化は持続的でなく、また依存性などの副作用もあった。結論として、薬物は、患者が曝露療法に参加するのを拒んだり、それに失敗したりするか、あるいは治療されている問題に加えて感情障害をもっているのでなければ、試すに値しない、というものであった。そして治療の決定について、六つの主要な要因をあげて議論している。

1 **効果の特定性**　薬物は機能の他の側面に影響する。曝露療法はそういうことはない。

2 **効果の相対的大きさ**　効果の大きさは、対象となる症状に関しては薬物と曝露療法は同等であるが、曝露療法は仕事や社会的適応の面も改善する。

3 **改善を示すまでの遅延**　薬物によって異なり、ある種のトランキライザーは服用後数分で効くが、他の薬物では、効果が感じられるまで最大12週間かかることもある。曝露療法では時間スケールはもっと変化に富み、効果がすぐ見られる場合もあるが、プログラムを終えるまでに数ヶ月を要することもある。

4 **効果の短期的持続性**　薬物の効果は、服用を続けていても、時間と共に弱まっていく。

5 **効果の長期的持続性**　「薬物は、服用を中止した後も効果が続くということを示すデータはない」。曝露療法後の追跡調査では、4年から8年後でも効果が続いていることが示された。

6 **努力、金銭、副作用、治療からの脱落という意味での代償**　曝露療法は、薬物療法よりも参加者のいっそうの努力を要する。薬物の金銭的負担は種類やブランドによって異なるが、長期にわたって服用が続くなら高額になりうる。一方曝露療法では、セラピストの時間を数時間要するだけである。薬物療法では多くの副作用がありえるが、曝露療法では当初に不安と不快を経験するが、それはすぐなくなる。どちらの療法も、脱落率は10－30パーセントで、同程度である。総じて、どちらの療法も短期で見れば有効であるが、長期の効果という点で曝露療法がすぐれていると結論された。

訳者あとがき

本書は、Susan Cave, *Therapeutic Approaches in Psychology*, London: Routledge の翻訳である（翻訳に当たり、エクササイズの部分、および学生のレポート例とそれへのコメントは割愛した）。イギリスで刊行された心理学諸分野を扱うシリーズの一冊だが、内容としては単なる入門書の域をはるかに超えている。精神症状の治療に関して幅広い観点からまとめられており、心理療法の各理論についても、基本的な概念や技法、そして具体的な事例に至るまで、非常に内容が豊富である。また、いずれかのアプローチに偏することなく、公正な研究結果をまじえながら、それぞれのアプローチの長所や限界などを簡潔に示している。研究方法や倫理も丁寧に扱われており、臨床心理学を学ぼうとする人には格好のテキストになるだろう。

本文について、いくつかの補足をしておきたい。まず、精神外科については、あくまでも英国における現状であり、そのまま日本の今の精神医療としてとらえないでほしい。日本でも戦時中、戦後しばらくの間は主に統合失調症患者に対して行われていたが、１９７５年に日本精神神経学会による精神外科を否定する決議がなされて以降、行われていない。本書でも説明されているとおり、精神外科は脳への不可逆的損傷を与えるため、重大な人権問題あるいは倫理的問題をはらむアプローチ法である点は変わりない。

精神医療に関する法律も英国とは当然異なる点があるので、簡単に日本の場合について解説する。本文中の精神保健法に該当する日本の法律は、精神保健福祉法（2000）である。そこで定められている入院に関する措置は、「任意入院」「入院措置」「緊急措置入院」「医療保護入院」「応急入院」の5つであり、そのうち「任意入院」は本人の同意に基づく入院である。なお、指定医の診察により入院の継続が必要と認められた場合は72時間に限り退院をさせないことができる。残りの4つはより拘束力のある入院制度となる。「入院措置」は一般からの申請や警察官等の通報・届出により、2名以上の指定医が診察した上で、その人が精神障害者でありかつ入院させなければ自傷他害の恐れがある場合に行われる。措置入院中は、精神病院等の管理者は都道府県知事に6ヶ月ごとに定期病状報告をしなければならない。またこの「入院措置」のうち、緊急を要する場合は、指定医1名の診察で、72時間に限り入院措置ができる制度が「緊急措置入院」である。「医療保護入院」は、指定医による診察の結果、精神障害であり、かつ医療および保護のために入院が必要であって、任意入院が困難な場合に保護者の同意があれば、本人の同意がなくても4週間に限り入院させることができる制度である。「応急入院」は、「医療保護入院」と同様の理由で、かつ医療および保護の依頼があったものに対して、急速を要し、保護者の同意を得ることができない場合に、精神病院の管理者が、本人の同意がなくても72時間を限りに入院させることができる制度である。

心の問題に対する治療には、万能なアプローチというものは存在しない。本書で再三述べられているとおり、それぞれのアプローチには必ず長所と欠点があり、治療に関わるものはそうしたことを知った上でクライエントと会い、適切な援助を提供できるよう常に心がけていくべきである。特にこれから臨床心理学を学ぼうとする人に対して、本書がそうした姿勢を身につけるうえで好適な入門書となることを期待している。

最後に、数年にわたる翻訳作業の間、全面的な協力をいただき、常に支え続けていただいた新曜社の塩浦暲氏と元新曜社の松田昌代氏に心からお礼申し上げます。

福田　周
卯月研次

２００７年４月

著者紹介

スーザン・ケイヴ（Susan Cave）
イギリスのAレベル心理学試験補佐官および心理学講師。著書として本書の他，*Classification and Diagnosis of Psychological Abnormality*, Routledge がある。

訳者紹介

福田　周（ふくだ　あまね）
1964年生まれ。上智大学大学院文学研究科心理学専攻博士後期課程単位取得退学。現在，大正大学人間学部人間福祉学科臨床心理学専攻准教授。臨床心理士。専門は病院臨床心理学。主要著書に，『臨床心理学のための調査研究入門』大正大学出版会，2003年（共著）／『心理臨床の治療関係』金子書房，1998年（分担執筆）などがある。

卯月研次（うづき　けんじ）
1969年生まれ。上智大学大学院文学研究科心理学専攻博士後期課程単位取得退学。現在，大正大学人間学部人間福祉学科臨床心理学専攻准教授。臨床心理士。専門は教育臨床心理学。主要著書に，『臨床心理学のための調査研究入門』大正大学出版会，2003年（共著）／『心理臨床の治療関係』金子書房，1998年（分担執筆）などがある。

新曜社

心の問題への治療的アプローチ
臨床心理学入門

初版第1刷発行　2007年9月10日©

著　者　スーザン・ケイヴ
訳　者　福田　周・卯月研次
発行者　塩浦　暲
発行所　株式会社 新曜社
〒101-0051　東京都千代田区神田神保町2-10
電話(03)3264-4973・FAX(03)3239-2958
e-mail info@shin-yo-sha.co.jp
URL http://www.shin-yo-sha.co.jp/

印刷　銀　河　Printed in Japan
製本　イマキ製本所

ISBN978-4-7885-1067-8　C1011

人名索引

■タ行

■ナ行

■ハ行

事項索引

（ゴシックは，用語解説にある項目）

■カ行

文　献

Allen, M. G. (1976) 'Twin studies of affective illness', *Archives of General Psychiatry* 35, 1476-8.

Alloy. L. B. and Abramson, L. Y. (1979) 'Judgement of contingency in depressed and non-depressed students: Sadder but wiser?, *Journal of Experimental Psychology*: General 108, 441-85.

Allyon, T. and Azrin, N. (1965) 'The measurement and reinforcement of behaviour of psychotics', *Journal of the Experimental Analysis of Behaviour* 8, 357-83.

Allyon, T. and Azrin, N. (1968) *The Token Economy: A Motivational System for Therapy and Rehabilitation*, New York: Appleton Century Crofts.

Anderson, J. *et al.* (1993) 'The TAPS project 13: Clinical and social outcomes of long-stay psychiatric patients after one year in the community', *British Journal of Psychiatry* 162, 42-55.

Anderson, I. and Tomenson, B. (1995) 'Treatment discontinuation with SSRI's compared with tricyclic antidepressants: A metaanalysis', *British Medical Journal* 310, 1433-8.

Andrews, G. (1991) 'The evaluation of psychotherapy', *Current Opinions of Psychotherapy* 4, 379-83.

Ashurst, P. and Ward, D. (1983) *An Evaluation of Counselling in General Practice*, Final Report of the Leverhulme Counselling Project.

Bachrach, A. *et al.* (1965) 'The control of eating behaviour in an anorexic by operant conditioning', In L. Ullman and L. Krasner (eds.), *Case Studies in Behaviour Modification*, New York: Holt, Rinehart and Winston.

Baer *et al.* (1995) cited in N. Carlson and W. Buskist, *Psychology: The Science of Behaviour*, Allyn & Bacon, 1997.

Bandura, A.（1969）*Principles of Behaviour Modification*, NY: Rinehart & Winston.

Bandura, A.（1971）*Social Learning Theory*, Morristown, NJ: General Learning Press.［原野広太郎・福島脩美訳（1972）『人間行動の形成と自己制御：新しい社会的学習理論』金子書房.］

Bandura, A.（1977）'Self-efficacy: Towards a unifying theory of behaviour change', *Psychology Review* 84, 191-215.

Barnes, M. and Berke, J.（1982）*Mary Barnes*, Harmondsworth: Penguin.

Baron, R. A.（1989）*Psychology: The Essential Science*, London: Allyn & Bacon.

Bateson, G. *et al.*（1956）'Toward a theory of schizophrenia', *Behavioural Science* 1, 251-64.

Beail, N. and Parker, S.（1991）'Group fixed-role therapy: A clinical application', *International Journal of Personal Construct Psychology* 4, 85-95.

Bean, E and Mounser, P.（1993）*Discharge From Mental Hospitals*, London: Macmillan.

Beck, A. T.（1963）*Depression: Clinical experimental and theoretical aspects*, NY: Harper & Row.

Beck, A. T.（1967）*Depression: Causes and treatment*, Philadelphia: University of Philadelphia Press.

Beck, A. T. and Emery, G.（1985）*Anxiety Disorders and Phobias: A cognitive perspective*, New York: Basic books.

Beck, A. T. and Freeman, A.（1990）*Cognitive Therapy of Personality Disorders*, New York: Guilford.［岩重達也・南川節子・河瀬雅紀訳／井上和臣監訳（1997）『人格障害の認知療法』岩崎学術出版社.］

Beck, A. T. *et al.*（1979）*Cognitive Therapy of Depression*, New York: Guilford.［神村栄一他訳（1992）『うつ病の認知療法』岩崎学術出版社.］

Benton（1981）, cited in R. D. Gross, *Psychology: The science of mind and behaviour*, London: Hodder & Stoughton, 1992.

Bergin, A. E.（1971）'The evaluation of therapeutic outcomes', In A. E. Bergin and S. L. Garfield（eds.）, *Handbook of Psychotherapy and Behaviour Change*, NY: Wiley.

Bergin, A. E. and Lambert, M. J.（1978）'The evaluation of therapeutic out-

comes', In S. A. Garfield and A. E. Bergin (eds.), *Handbook of Psychotherapy and Behaviour Change*, NY: Wiley.

Berman, J. and Norton, N. (1985) 'Does professional training make a therapist more effective?', *Psychological Bulletin* 98,401-7.

Berne, E. (1964) *Games People Play*, NY: Grove Press. [南博訳 (1976/新装版 1994)『人生ゲーム入門：人間関係の心理学』河出書房新社.]

Bernstein, D. A. *et al.* (1994) *Psychology*, Boston: Houghton Mifflin.

Beutler, L. E. *et al.* (1986) 'Therapist variables in psychotherapy process and outcome', In S. L. Garfield and A. E. Bergin (eds.), *Handbook of Psychotherapy and Behaviour Change*, Chichester: Wiley.

Bloch, S. and Chodoff, E (1981) *Psychiatric Ethics*, Oxford: Oxford University Press.

Boker, W. (1992) 'A call for partnership between schizophrenic patients, relatives and professionals', *British Journal of Psychiatry* 161, 10-12.

Breggin, P. (1979) *Electroshock: Its brain disabling effects*, NY: Springer.

Brown, G. W. and Harris, T. O. (1978) *Social Origins of Depression*, London: Tavistock.

Busfield, J. (1996) 'Professionals, the state and the development of mental health policy', In T. Heller *et al.* (eds.), *Mental Health Matters*, London: Macmillan.

Cannon, D. S. *et al.* (1981) 'Emetic and electric shock alcohol aversion therapy: Six and twelve month follow-up', *Journal of Consulting and Clinical Psychology* 49, 360-8.

Cautela, J. R. (1967) 'Covert sensitisation', *Psychology Reports* 20, 459-68.

Clark, D. (1966) 'Behaviour therapy of Gilles de la Tourettes syndrome' *British Journal of Psychiatry*, 112, 771-8.

Clark, D. (1993) 'Treating panic attacks', *The Psychologist* 6, 73-4.

Clipson, C. R. and Steer, J. M. (1998) *Case Studies In Abnormal Psychology*, Boston: Houghton Mifflin.

Cochrane. R. (1977) 'Mental illness in immigrants to England and Wales', *Social Psychiatry* 12, 25-35.

Cochrane, R. and Sashidharan, S. P. (1995) 'Mental health and ethnic minorities: A review of the literature and implications for services', paper present-

ed to Birmingham and North Birmingham Health Trust.

Conners, C.（1980）*Food Additives and Hyperactive Children*, NY: Plenum Press.

Cooper, D.（1967）*Psychiatry and Antipsychiatry*, London: Paladin.［野口昌也・橋本雅雄訳（1974）『反精神医学』岩崎学術出版社.］

Cooperstock, R. and Lennard, H. L.（1979）'Some social meanings of tranquilliser use', *Sociology of Health and Illness* 1, 331-47.

Craske, M. and Barlow, D.（1993）'Panic disorder and agoraphobia', In D. Barlow（ed.）, *Clinical Handbook of Psychological Disorders: A step-by-step treatment manual*, NY: Guildford.

Crooks, R. L. and Stein, J.（1991）*Psychology: Science, behaviour and life*, London: Harcourt, Brace, Jovanovich.

Crow, T. J. *et al.*（1982）'Two syndromes in schizophrenia and their pathogenesis', In F. A. Henn and G. A. Nasrallah（eds.）, *Schizophrenia as a Brain Disease*, NY: Oxford University Press.

Dallos, R. and Cullen, C.（1990）'Clinical psychology', In I. Roth（ed.）, *Introduction to Psychology*, Hove: Erlbaum.

Davison, G. and Neale, J.（1990）*Abnormal Psychology*, NY: Wiley.

Dayson, D.（1993）'The TAPS project 12: Crime, vagrancy, death and readmission', *British Medical Journal* 162, 40-4.

Devine, P. and Fernald, P.（1973）'Outcome effects of receiving a preferred, randomly assigned or non-preferred therapy', *Journal of Consulting and Clinical Psychology* 41（1）, 104-7.

Durham, R. *et al.*（1994）'Cognitive therapy, analytic psychotherapy and anxiety management training for generalised anxiety disorder', *British Journal of Psychiatry* 165, 315-23.

Eastman, N.（1996）'The need to change mental health law', In T. Heller *et al.*（eds.）, *Mental Health Matters*, London: Macmillan.

Edwards, J.（1995）'Depression, antidepressants and accidents', *British Medical Journal* 311,887-8.

Elkins, I. *et al.*（1989）'NIMH treatment of depression collaborative research program', *Archives of General Psychiatry* 46, 971-82.

Ellis, A.（1962）*Reason and Emotion in Psychotherapy*, NJ: Citadel Press.

Ellis, A.（1991）'The revised ABC of rational-emotive therapy', *Journal of Rational Emotive and Cognitive Behaviour Therapy* 9, 139-92.

Erinosho, O. and Ayonrinde, A.（1981）'Educational background and attitude to mental illness among the Yoruba in Nigeria', *Human Relations* 34, 1-12.

Evans, M. *et al.*（1992）'Differential relapse following cognitive therapy and pharmacology for depression', *Archives of General Psychiatry* 49, 802-8.

Eysenck, H. J.（1952）'The effects of psychotherapy: An evaluation', *Journal of Consulting Psychology* 16, 319-24.

Eysenck, H. J.（1965）'The effects of psychotherapy', *International Journal of Psychiatry* 1, 7-142.

Feingold, B.（1975）*Why Your Child Is Hyperactive*, NY: Random House.

Fernando, S.（1988）*Race and Culture in Psychiatry*, London: Croom Helm.

Fox, P. *et al.*（1997）'Cutting out stuttering', *New Scientist*（February）, 32-5.

Frankl, V.（1959）*Man's Search for Meaning: An introduction to logotherapy*, Boston, MA: Beacon Press.

Fransella, F.（1990）'Personal Construct Therapy', In W. Dryden（ed.）, *Individual Therapy: A handbook*, Milton Keynes: Oxford University Press.

Freud, A.（1952）'The role of bodily illness in the mental life of children', *Psychoanalytic Study of the Child* 7, International University Press.

Gabe, J.（1996）'The History of tranquilliser use', In T. Heller（ed.）*Mental Health and Health Matters*, London: Macmillan.

Garrett, T.（1994）'Epidemiology in the USA', In D. Jehu（ed.）, *Patients as Victims*, Chichester: Wiley.

Gittleman-Klein, R. *et al.*（1976）'Relative efficacy of methylphenidate and behaviour modification in hyperkinetic children: An interim report', *Journal of Abnormal Child Psychology* 4, 361-79.

Goffman, E.（1961）*Asylums*, Middlesex: Pelican.［石黒毅訳（1984）『アサイラム：施設被収容者の日常世界』誠信書房.］

Grant, P.（1994）'Psychotherapy and race', In P. Clarkson and M. Pokorny（eds.）, *The Handbook of Psychotherapy*, London: Routledge.

Gross, R.（1994）*Key Studies in Psychology*, Hodder & Stoughton.［大山

正・岡本栄一監訳（1993）『キースタディーズ心理学』上・下, 新曜社.]
Greist, J. *et al.*（1997）'B. T. Steps', *New Scientist*（August）, 26-31.
Gross, R.（1992）*Psychology: The science of mind and behaviour*, London: Hodder and Stoughton.
Grunbaum, A.（1984）*The Foundations of Psychoanalysis: A philosophical critique*, Berkeley: University of California Press.［村田純一他訳（1996）『精神分析の基礎：科学哲学からの批判』産業図書.］
Gurman, A. S. *et al.*（1986）'Research on the process and outcome of marital and family therapy', In S. Garfield and A Bergin（eds.）, *Handbook of Psychotherapy and Behaviour Change*, NY: Wiley.
Haaga, D. and Davison, G.（1993）'An appraisal of rational-emotive therapy', *Journal of Consulting and Clinical Psychology* 61, 215-20.
Haddock, G.（1998）'Psychological treatment of psychosis: Current practice and future challenges', *The Psychologist* 11（6）, 275-6.
Hamilton, S. *et al.*（1986）'Sex bias, diagnosis and DSM III', *Sex Roles* 15, 269-74.
Harlow, J. M.（1868）*Recovery From the Passage of an Iron Bar Through the Head*, publication of the Massachusetts Medical Society, 2, 327 ff.
Hay. P. *et al.*（1993）'Treatment of obsessive-compulsive disorder by psychosurgery', *Acta Psychiatrica Scandinavia* 87, 197-207.
Hazelrigg, M. *et al.*（1987）'Evaluating the effectiveness of family therapies: An integrative review and analysis', *Psychological Bulletin* 101, 428-42.
Heather, N.（1976）*Radical Perspectives in Psychology*, London: Methuen.
Hock, R.（1992）*Forty Studies That Changed Psychology*, N J: Prentice Hall.
Hogarty, G. E. *et al.*（1974）'Drug and sociotherapy in the aftercare of schizophrenic patients: II. two-year relapse rates', *Archives of General Psychiatry* 31, 603-8.
Hollon, S. *et al.*（1992）'Cognitive therapy and pharmacotherapy for depression: Singly and in combination', *Archives of General Psychiatry* 49, 774-81.
Howarth, I.（1989）'Psychotherapy: Who benefits?', *The Psychologist* 2（4）, 150-2.

Hughes, J. R. and Pierattini, R. (1992) 'An introduction to pharmacotherapy', In J. Grabowski and G. R. Vandenbos (eds.), *Psychopharmacology: Basic mechanisms and applied interventions: Master Lectures in Psychology*, Washington D.C.: American Psychological Association.

Illich, I. (1975) *Medical Nemesis*, London: Calder & Boyars. [金子嗣郎訳 (1979)『脱病院化社会：医療の限界』晶文社.]

Irwin, M. *et al*. (1985) 'Psychotic patients' understanding of informed consent', *American Journal of Psychiatry* 165, 17944.

Isaacs, W. *et al*. (1960) 'Application of operant conditioning to reinstate verbal behaviour in psychotics', *Journal of Speech and Hearing Disorders* 25, 8-12.

Jackson, D. and Weakland, J. (1961) 'Conjoint family therapy: Some considerations on theory, technique and results', *Psychiatry* 24, 30-45.

Jacobson, N. and Truax, P. (1991) 'Clinical significance: A statistical approach to defining meaningful change in psychotherapy research', *Journal of Consulting and Clinical Psychology* 59, 12-19.

Jakobi, S. and Pratt, D. (1992) 'Therapy notes and the law', *The Psychologist* (May), 219-21.

Jahoda, M. (1958) *Current Concepts of Positive Mental Health*, New York: Basic Books.

James, I. and Blackburn, I. (1995) 'Cognitive therapy with obsessive-compulsive disorder', *British Journal of Psychiatry* 166, 144-50.

Jones, L. and Cochrane, R. (1981) 'Stereotypes of mental illness: A test of the labelling hypothesis', *International Journal of Social Psychiatry* 27, 99-107.

Jones, M. C. (1925) 'A laboratory study of fear: The case of Peter', *Pedagogical Seminary* 31,308-15.

Jones, M. (1953) *Socil Psychiatry: A Study of Therapeutic Community,* Basic Books.

Julien, R. M. (1992) *A Primer for Drug Action*, New York: W. H. Freeman.

Karasu, T. *et al*. (1979) 'Age factors in patient-therapist relationship', *Journal of Nervous and Mental Disorders* 167, 100-4.

Kelly, G. A. (1955) *A Theory of Personality: The psychology of personal*

constructs, NY: Norton.

Kirsch, I. and Sapirstein, G.（1998）In M. Day, 'Mostly in the mind', *New Scientist* 2412, 13.

Klein, M.（1932）*The Psychoanalysis of Children*, London: Hogarth.［衣笠隆幸訳（1997）『児童の精神分析』誠信書房.］

Klosko, J. S. *et al.*（1990）'A comparison of alprazolam and behaviour therapy in treatment of panic disorder', *Journal of Consulting and Clinical Psychology* 58, 77-84.

Koss, M. and Butcher, J.（1986）'Research on brief psychotherapy', In S. Bergin and A. Garfield（eds.）, *Handbook of Psychotherapy and Behaviour Change*, NY: Wiley.

Laing, R. D.（1965）*The Divided Self*, Middlesex: Penguin.［阪本健二他訳（1971）『ひき裂かれた自己：分裂病と分裂病質の実存的研究』みすず書房.／天野衛訳（1971）『狂気の現象学：引き裂かれた自己』せりか書房.］

Lambert, M. *et al.*（1986）'The effectiveness of psychotherapy', In S. Garfield and A. Bergin（eds.）, *Handbook of Psychotherapy and Behaviour Change*, NY: Wiley.

Lang, P. and Melamed, B.（1969）'Case report: Avoidance conditioning therapy of an infant with chronic ruminative vomiting', *Journal of Abnormal Psychology* 74, 1-8.

Leonard, H. *et al.*（1989）'Treatment of obsessive-compulsive disorder with clomipramine and desipramine in children and adolescents: A double-blind crossover comparison', *Archives of General Psychiatry* 46, 1088-92.

Lickey, M. E. and Gordon, B.（1991）*Medicine and Mental Illness: The use of drugs in mental illness*, New York: W. H. Freeman.

Lidz, C. *et al.*（1993）'The accuracy of predictions of violence to others, *Journal of the American Medical Association* 269, 1007-11.

Lindsay, G. and Colley, A.（1995）'Ethical dilemmas of members of the society', *The Psychologist*（October）, 448-51.

Linn, K. *et al.*（1991）'Ethnicity and family involvement in the treatment of schizophrenic patients', *Journal of Nervous and Mental Disorders* 179, 631-3.

Lovaas, O.（1977）*The Autistic Child: Language Development Through*

Behaviour Modification, NY: Irvington.

Luborsky, L. and Spence, D.（1978）'Quantitative research on psychoanalytic therapy', In S. Garfield and A. Bergin（eds.）, *Handbook of Psychotherapy and Behaviour Change*, NY: Wiley.

King, M. *et al.*（1990）'Long term use of benzodiazepines: The views of patients', *British Journal of General Practice* 40:194-6.

Mair, K.（1997）'Psychological treatment for Dissociative Identity Disorder: Risks and benefits', paper given at BPS conference, London, 17 December.

Malan, D. *et al.*（1975）'Psychodynamic changes in untreated neurotic patients', *Archives of General Psychiatry* 32, 110-26.

Malleson, A.（1973）*Need Your Doctor Be So Useless?* London: George, Allen & Unwin.

Marcus（1985）'Freud and Dora: Story, History, Case History', In C. Bernheimer and C. Kahane（eds.）, *In Dora's Case: Freud-Hysteria-Feminism*, NY: Columbia University Press.

Marks, I.（1970）cited in R. D. Gross（1992）*Psychology: The science of mind and behaviour*, London: Hodder & Stoughton.

Marks, I.（1981）*Care and Cure of Neuroses: Theory and practice of behavioural psychotherapy*, New York: Wiley.

Marks, I.（1987）*Fears, Phobias and Rituals*, New York: Oxford University Press.

Marks, I. and O'Sullivan, G.（1988）'Drugs and psychological treatments for agoraphobia/panic and obsessive-compulsive disorders: A review', *British Journal of Psychiatry* 153, 650-8.

Martin, J.（1985）*Hospitals in Trouble*, Oxford: Blackwell.

Maslow, A.（1954）*Motivation and Personality*, NY: Harper & Row.［小口忠彦訳（1987 改訂新版）『人間性の心理学：モチベーションとパーソナリティ』産業能率大学出版部.］

Masson, J.（1988）*Against Therapy*, London: Collins

May, P.（1975）'A follow-up study of the treatment of schizophrenia', In R. Spitzer and D. Klein（eds.）, *Evaluation of Psychological Therapies*, Baltimore: Johns Hopkins University Press.

McCord, J.（1978）'A thirty year follow up of treatment effects', *American*

Psychologist (March), 284-9.

McGrath, T. *et al.* (1990) 'Successful treatment of a noise phobia in a nine year-old girl with systematic desensitisation in vivo', *Educational Psychologist* 10 (1), 79-83.

Meichenbaum, D. (1976) 'Towards a cognitive therapy of self-control', In G. Schwartz and D. Shapiro (eds.), *Consciousness and Self-Regulation: Advances in research*, NY: Plenum.

Meltzer, D. *et al.* (1991) 'Community care for patients with schizophrenia one year after hospital discharge', *British Medical Journal* 303, 1023-6.

Menzies, R. and Clarke, J. (1993) 'A comparison of in vivo and vicarious exposure in the treatment of childhood water phobia', *Behaviour Research and Therapy* 31 (1), 9-15.

Miller, R. and Berman, J. (1983) 'The efficacy of cognitive-behaviour therapies: A quantitative review of the research evidence', *Psychological Bulletin* 94, 39-53.

Mitchell, K. M. (1977) 'A reappraisal of the therapeutic effectiveness of accurate empathy, nonpossessive warmth and genuineness', In A. Gurman and A. Razin (eds.), *Effective Psychotherapy: A handbook of research*, NY: Pergamon.

Moorey, S. (1990) 'Cognitive therapy', In W. Dryden (ed.), *Individual Therapy: A handbook*, Milton Keynes: Oxford University Press.

Mowrer, O. (1947) 'On the dual nature of learning', *Harvard Educational Review* 17, 102-48.

Mowrer, O. and Mowrer, W. (1938) 'Enuresis: A method for its study and treatment', *American Journal of Orthopsychiatry* 8, 436-59.

Muijen, M. (1996) 'Scare in the community: Britain in moral panic', In T. Heller *et al.* (eds.), *Mental Health Matters*, London: Macmillan.

Muijen, M. *et al.* (1994) 'Community psychiatric nurse teams: Intensive support versus generic care', *British Journal of Psychiatry* 165, 179-94.

NIMH (1987) 'The switch process in manic-depressive illness', DHHS publication no. ADM 81-108, Washington, DC: Government Printing Office.

Okocha, C. (1998) 'Current management of anxiety disorders', *The Practitioner* 242, 39-46.

Orford, J.（1976）*The Social Psychology of Mental Disorder*, Penguin Education.［安藤延男・山本和郎訳（1981）『精神障害の社会心理学』新曜社.］

Orlinsky, D. and Howard, K.（1987）'A generic model of psychotherapy', *Journal of Integrative and Eclectic Psychotherapy* 6, 6-27.

Parloff, M. *et al.*（1978）'Research on therapist variables in relation to process and outcome', In S. Garfield and A. Bergin（eds.）, *Handbook of Psychotherapy and Behaviour Change*, NY: Wiley.

Parry, G.（1996）'Using research to change practice', In T. Heller *et al.*（eds.）, *Mental Health Matters*, London: Macmillan.

Parsons, T.（1951）*The Social System*, Glencoe, IL: Free press.［佐藤勉訳（1974）『社会体系論』青木書店.］

Paul, G.（1967）'Insight versus desensitisation in psychotherapy two years after termination', *Journal of Consulting Psychology* 31, 333-48.

Perls, F.（1969）*Gestalt Therapy Verbatim*, NY: Bantam.

Piccinelli, M. *et al.*（1995）'Efficacy of drug treatment in obsessive-compulsive disorder: A meta-analytic review', *British Journal of Psychiatry* 166, 424-33.

Pilgrim, D. and Rogers, A.（1996）'Two notions of risk in mental health debates', In T. Heller *et al.*（eds.）, *Mental Health Matters* , London: Macmillan.

Prien, R. *et al.*（1984）'Drug therapy in the prevention of recurrences in unipolar and bipolar affective disorders', *Archives of General Psychiatry* 41, 1096-104.

Prioleau, L. *et al.*（1983）'An analysis of psychotherapy versus placebo studies', *Behaviour and Brain Sciences* 6, 273-310.

Rachman, S. and Hodgson, R.（1980）*Obsessions and Compulsions*, Englewood Cliffs, NJ: Prentice Hall.

Reich, W.（1981）'Psychiatric diagnosis as an ethical problem', In S. Bloch and P. Chodoff（eds.）, *Psychiatric Ethics*, Oxford: Oxford University Press.

Richardson, J. *et al.*（1994）'Verbal learning by major depressive disorder patients during treatment with fluoxetine or amitriptyline', *International*

Clinical Psychopharmacology 9, 35-40.

Robins, L. *et al.*（1984）'Lifetime prevalence of specific psychiatric disorders in three sites', *Archives of General Psychiatry* 41, 942-9.

Rogers, A.（1993）'Coercion and voluntary admission: An examination of psychiatric patient views', *Behavioural Sciences and the Law* 11,258-67.

Rogers, C.（1951）*Client-Centered Therapy: Its current practices, implications and theory*, Boston, MA: Houghton Mifflin.［保坂亨・諸富祥彦・末武康弘訳（2005）『クライアント中心療法』ロジャーズ主要著作集 2，岩崎学術出版社.］

Rogers, C.（1970）*Carl Rogers on Encounter Groups*, New York: Harper & Row.［畠瀬稔・畠瀬直子訳（1982）『エンカウンター・グループ：人間信頼の原点を求めて』創元社.］

Rogers, C.（1980）*A Way of Being*, Boston, MA: Houghton Mifflin.［畠瀬直子監訳（1984）『人間尊重の心理学：わが人生と思想を語る』創元社.］

Rose, G. and Marshall, T.（1974）*Counselling and School Social Work: An experimental study*, London: Wiley.

Rosenbluth, D.（1974）'Psychotherapy with the pre-schoolchild: A psychoanalytic approach', In V. Varma（ed.）, *Psychotherapy Today*, London: Constable.

Rosenhan, D.L. and Seligman, M. E. P.（1984）*Abnormal Psychology*, New York: W.W. Norton.

Rosman, B. *et al.*（1976）'Input and outcome of family therapy of anorexia nervosa', In J. L. Claghom（ed.）, *Successful Psychotherapy*, New York: Basic Books.

Rosser, R. *et al.*（1987）'Five year follow-up of patients treated with in-patient psychotherapy at the Cassel Hospital for Nervous Disorders', *Journal of the Royal Society of Medicine* 80, 549-55.

Roth, A. and Fonagy, P.（1996）*What Works For Whom?: A critical review of psychotherapy research*, NY: Guilford Press.

Rush, A. *et al.*（1977）'Comparative efficacy of cognitive therapy and pharmacotherapy in the treatment of depressed patients', *Cognitive Therapy and Research 1*, 17-39.

Sackheim, H.（1988）'The efficacy of electroconvulsive therapy', *Annals of*

the New York Academy of Science 462, 70-5.

Sackheim, H. A. *et al.* (1993) 'Effects of stimulus intensity and electrode replacement on the efficacy of the effects of electroconvulsive therapy', *New England Journal of Medicine* 328, 839-46.

Sedgwick, P. (1982) *Psychopolitics*, London: Pluto. [加藤正明・式場聰訳 (1983)『サイコポリティクス：政治と精神医療』牧野出版.]

Seligman, M. (1975) *Helplessness: On depression, development and death*, San Francisco: W. H. Freeman. [平井久・木村駿監訳 (1985)『うつ病の行動学：学習性絶望感とは何か』誠信書房.]

Shapiro, D. (1990) 'Recent applications of meta-analysis in clinical research', *Clinical Psychology Review* 5, 13-34.

Shapiro, D. A. and Shapiro, D. (1982) 'Meta-analysis of comparative therapy outcome studies: A replication and refinement', *Psychological Bulletin* 92, 581-604.

Shapiro, M. (1985) 'A reassessment of clinical psychology as an applied science', *British Journal of Clinical Psychology* 24 (1), 1-13.

Skinner, B. F. (1938) *Science and Behaviour*, NY: Macmillan.

Sloane, R. *et al.* (1975) *Psychotherapy versus Behaviour Therapy*, Cambridge, MA: Harvard University Press.

Smail, D. (1987) *Taking Care: An alternative to therapy*, London: Dent.

Smail, D. (1991) 'Towards a radical environmentalist psychology of help', *The Psychologist* 2, 61-5.

Smail, D. (1996) 'Psychotherapy and Tragedy', *Psychotherapy Section Newsletter* 20, 3-13.

Smith, M. *et al.* (1980) *The Benefits of Psychotherapy*, Baltimore: Johns Hopkins University Press.

Snaith, R. P. (1994) 'Psychosurgery: Controversy and enquiry', *British Journal of Psychotherapy* 161,582-4.

Solomon, R. and Wynne, L. (1954) 'Traumatic avoidance learning: The principle of anxiety conservation and partial irreversibility', *Psychology Review* 81,353-85.

Steiner, W. (1991) 'Fluoxetine-induced mania in a patient with obsessive-compulsive disorder', *American Journal of Psychiatry* 148, 1403-4.

Stiles, W. *et al.* (1986) 'Are all psychotherapies equivalent?', *American Psychology* 41, 165-80.

Strupp, H. H. (1993) 'The Vanderbilt psychotherapy studies: Synopsis', *Journal of Consulting and Clinical Psychology* 61, 431-3.

Sue, D. (1990) 'Culture-specific strategies in counselling: A conceptual framework', *Professional Psychology: Research and Practice* 21, 424-33.

Suppes, T. *et al.* (1991) 'Risk of recurrence following discontinuation of lithium treatment in bipolar disorder', *Archives of General Psychiatry* 48, 1082-7.

Stuart, R. (1976) 'An operant interpersonal program for couples', In D. H. L. Olson (ed.) *Treating Relationships*, Lake Mills, IA: Graphic Publishing Company.

Svartburg, M. and Stiles, T. (1991) 'Comparative effects of short-term psychodynamic psychotherapy: A meta-analysis', *Journal of Consulting and Clinical Psychology* 59 (5), 704-14.

Szasz, T. S. (1962) *The Myth of Mental Illness*, NY: Harper & Row. [河合洋他訳 (1975)『精神医学の神話』岩崎学術出版社.]

Szasz, T. S. (1974) *Ideology and Insanity*, Harmondsworth: Penguin. [石井毅・広田伊蘇夫訳 (1975)『狂気の思想：人間性を剥奪する精神医学』新泉社.]

Tate, B. and Baroff, G. (1966) 'Aversive control of self-injurious behaviour in a psychotic boy', *Behaviour Research and Therapy* 4, 281-7.

Taylor, D. (1987) 'Current usage of benzodiazepines in Great Britain', In H. Freeman and Y. Rue (eds.), *Benzodiazepines in Current Clinical Practice*, London: Royal Society of Medicine Services.

Teasdale, J. (1997) 'Understanding and preventing depression', paper presented at BPS Annual Conference, 5th April 1997.

Thigpen, C. H. and Cleckley, H. (1954) 'A case of multiple personality', *The Journal of Abnormal and Social Psychology* 49, 135-51.

Tinkelpaugh, O. (1928) 'An experimental study of representative factors in monkeys', *Journal of Comparative Psychology* 8, 197-236.

Truax, C. (1996) 'Reinforcement and non-reinforcement in Rogerian therapy', *Journal of Abnormal Psychology* 71, 1-9.

Truax, C. and Carkhuff, R.（1964）'Significant developments in psychotherapy research', In L. Abt and B. Reiss（eds.）, *Progress in Clinical Psychology*, NY: Grune & Stratton.

Tyrer, P. and Steinberg, D.（1987）*Models for Mental Disorder*, London: Wiley.

UKAN（1995）'UKAN's national user survey', *Open Mind* 78, 11-14.

van Deurzen-Smith, E.（1990）'Existential therapy', In W. Dryden（ed.）*Individual Therapy: A handbook*, Milton Keynes: Oxford University.

Wallerstein, R.（1989）'The psychotherapy research project of the Menninger Foundation: An overview', *Journal of Consulting and Clinical Psychology* 57, 195-205.

Wallerstein, R.（1957）*Hospital Treatment of Alcoholism: A comparative experimental study*, New York: Basic Books.

Watson, J. and Rayner, R.（1920）'Conditioned emotional responses', *Journal of Experimental Psychology* 3, 1-14.

Wehr, T. and Rosenthal, N.（1989）'Seasonability and affective illness', *American Journal of Psychiatry* 146, 201-4.

Wilson, G. and Rachman, S.（1983）'Meta-analysis and the evaluations of psychotherapy outcome: Limitations and liabilities', *Journal of Consulting and Clinical Psychology* 51, 54-64.

Wittman, W. and Matt, G.（1986）'Meta-analysis as a method for integrating psychotherapeutic studies in German-speaking countries', *Psychologische Rundschau* 37, 20-40.

Wolpe, J.（1958）*Psychotherapy by Reciprocal Inhibition*, Stanford, CA: Stanford University Press.［金久卓也監訳（1977）『逆制止による心理療法』誠信書房.］

Wolpe, J.（1973）*The Practice of Behaviour Therapy*, NY: Pergamon.

Worell, J. and Remer, P.（1992）*Feminist Perspectives in Therapy*, Chichester: Wiley.

Yalom, I.（1980）*Existential Psychotherapy*, New York: Basic books.

Yates, A.（1958）'The application of learning theory to the treatment of tics', *Journal of Abnormal and Social Psychology* 56, 175-82.

Zigler, E. and Phillips, L.（1961）'Psychiatric diagnosis and symptomatology',

Journal of Abnormal Psychology 63, 69-75.

訳者補遺

American Psychiatric Association（2000）*Diagnostic and satistical manual of mental disorders: DSM-IV-TR 4th ed. text revision,* Washington, D. C.: American Psychiatric Association.［American Psychiatric Association（編），高橋三郎・大野裕・染矢俊幸訳（2002）『DSM-IV-TR　精神疾患の診断・統計マニュアル』医学書院.］

用語解説

以下の用語が本文中に最初に現われた際には，**ゴシック体**で強調してある。

アナログ実験　analogue experiment　ある現象を知るために他の現象を活用する実験。

依存性　dependency　精神活性物質に対する心理的あるいは生理的依存。

インフォームド・コンセント（告知にもとづく同意）　informed consent　コストと利益を含む，参加に伴って起こるすべての情報について告知された後の，研究あるいはセラピーに参加することへの合意。

インプロージョン　implosion　恐怖対象（状況）に対して想像上で接触する一種のフラッディング治療。

疫学　epidemiology　全住民における疾患の頻度と分布に関する研究。

ABCモデル　ABC model　非合理な信念がどのように精神疾患の基礎を形成しうるかを説明するためにエリスによって考案されたモデル。

エンプティ・チェア・テクニック　empty chair technique　まるで相手が椅子に座っているかのようにして，いない人と会話するようにクライエントに求めるゲシュタルト療法で使用される一技法。

オペラント条件づけ　operant conditioning　学習は反応が強化された結果として生じるとするスキナーの理論。

解離性同一性障害　dissociative identity disorder　一人の個人の中に二つ以上の別々の人格が生じ，別々の行動をしてしまう症候群。

カウンセリング　counselling　問題はあるが必ずしも精神疾患にまでなっていない人びとの役に立つロジャーズ派の技法に使用される用語。

科学者－実践家モデル　scientist-practitioner model　治療に対して，仮説検証や効果の測定などの科学的なアプローチを行ないつつ，それをはっきりと実践につなげようとするアプローチ。

化学療法　chemotherapy　薬物を用いた精神疾患の治療。

学習性無力感　learned helplessness　セリグマンによってうつとの関連が指摘された，不快な状況から逃れられないことから引き起こされる無力状態のこと。

家族療法　family therapy　グループとして家族に行なわれる精神療法。

カバート感作法　covert sensitization　嫌悪療法の一様式で，不快な刺激として本物ではなく想像したものを用いる。

環境療法　milieu therapy　自己責任の雰囲気をつくり，スタッフ－患者の区別を減らすことによって施設症の影響を減らすことを目的とした治療。

擬似実験　quasi-experiment　独立変数に自然に生じる変化を利用する実験。

季節性感情障害　Seasonal Affective Disorder　夏期型または冬期型で起きる抑うつ的な感情障害。

機能分析　functional analysis　状況，刺激，結果といった行動を維持することに対する原因となる状況を確認する方法。

逆制止　reciprocal inhibition　望ましくない反応を減らすために，たとえば恐怖を喜びなどの拮抗する反応と対にするような，系統的脱感作法で用いられる方法。

脚本分析　script analysis　交流分析において，相互交流の習慣的なやり方を見つめ直すこと。

強化　reinforcement　学習を強めたり，促進するために用いられる方法。

共感　empathy　他者がどのように感じているかを理解し想像する能力。

強迫性障害　obsessive-compulsive disorder　神経症の一つで，思考や行為が長く続き，自分では止められず，日常の機能を妨げるもの。

恐怖症　phobia　ある対象や状況に対して，理屈に合わない，大きな恐怖を感じることを特徴とする神経症的障害の一つ。

禁断症状　withdrawal　向精神薬の服用を急にやめた時に起こる，生理的・心理的な不快な反応。

群間比較デザイン　between groups comparison design　実験群のパフォーマンスをコントロール群（未治療）のそれと比較する実験的なデザイン。

経眼窩ロボトミー　transorbital leucotomy　眼窩からロボトミーを行う技法。

経頭蓋磁気刺激（TMS）　transcranial magnetic stimulation　一時的な脳の欠陥を作り出すような，磁場の適用。

系統的脱感作法　systematic desensitization　行動療法の技法で，恐怖症の対象となっている物や状況を少しずつ導入し，同時にそれに対する恐怖反

応を抑えようとするもの。

ゲシュタルト療法　Gestalt therapy　個人が全体的存在として自分自身へのより豊かな気づきを得ることを目指す人間主義的療法。

ケース研究法　case study method　一人の人間または小グループの行動が詳細に調べられる種類の研究方法（しばしば長期間にわたる）。

嫌悪療法　aversion therapy　避けるべき刺激と不快なものを結びつけるというやり方をする行動療法の一手法。

効果の法則　law of effect　行動した結果によって，その行動がどれくらい繰り返されるかが決まるとする学習の原則。

光線治療　phototherapy　季節性感情障害の治療で人工的な光を使うこと。

行動シェーピング　behaviour shaping　オペラント条件づけでの新しい行動の段階的な学習（望ましい反応に近いものを連続的に強化することによる）。

行動変容　behaviour modification　オペラント条件づけにもとづく治療技法。

行動療法　behaviour therapy　古典的条件づけにもとづく治療技法の一般的用語。

交流分析　transactional analysis　バーンの理論にもとづく人間主義的療法。親，子ども，大人などの自我状態を明らかにして人との交流を分析するもの。

古典的条件づけ　classical conditioning　反射反応と中立刺激とを結びつける学習プロセス。

コンジョイント療法　conjoint therapy　複数の個人が同時にセラピストの面接に臨むカップルまたは家族療法。

催吐薬　emetic　嫌悪療法で使用される吐き気と嘔吐を誘発する薬。

三環系抗うつ薬（TCA）　tricyclic antidepressants　同じような化学構造をもつ抗うつ薬のグループ。すべて三つの環が合わさった分子構造をしている。

GABA（ガンマアミノ酢酸）　GABA　重要な抑制神経伝達物質。

刺激飽和　stimulus satiation　行動変容の一つで，強化子を多量に提供するもの。

刺激薬　stimulants　覚醒度や自信，エネルギーの度合いを高める薬。

自己教示訓練法　self-instructional training　マイケンバウムの考えにもとづく認知療法で，クライエントの内的対話をもっと適応的なものに変化させようとするもの。

自己効力感　self-efficacy　自分が効果的に行動することができるという信念。

自己実現　self-actualisation　すべての人がもつ，自分の可能性を十分に実現したいという欲求。

施設症　institutionalisation　施設での長期収容に伴う現実世界への不適応または他の悪影響。

自然治癒　spontaneous remission　正式な治療が行なわれずに症状が改善すること。

実験法　experimental method　独立変数が操作され，従属変数における独立変数の影響が測定される研究方法で，他の変数はすべて統制される。

失錯行為　parapraxes　無意識にアクセスするために精神分析で用いられる「言い間違い」。「フロイト的失言」とも呼ばれる。

自動思考　automatic thoughts　人びとが自分や他者について抱いている反復的で非合理的な思考をさすベックの用語。

自閉症　autism　コミュニケーションの欠如，社会的な接触からの撤退，そして限定された範囲での興味と活動を特徴とする重度の小児期精神疾患。

社会精神医学　social psychiatry　精神疾患の実存的／社会－文化的モデルにもとづく治療法。より適応的な行動を発達させるために，クライエントの社会環境を変化させようとするもの。

社会的学習理論　social learning theory　他者の行動を観察したり模倣したりすることで生じる学習。

自由最大化状況　Least Restrictive Alternative　収容される精神病者は，できるかぎり自由で，できるだけ拘束の少ない状況に置かなければならないという原則。

従属変数　dependent variable　実験的な操作の影響を示すために測定される実験における変数。

自由連想　free association　患者に対して検閲なしで心に浮かぶことは何でも言うことを求める精神分析において使用される技法。

順次接近法　successive approximations　オペラント条件づけで，望まれている行動にしだいに近づけていくこと。

消去　extinction　強化を行なわないことによって起こる学習反応の停止。

症状の置き換え　symptom substitution　精神力動派による主張で，症状の背景にある問題が解決しないと，単に他の症状に置き換わるだけであると

いうもの。

人格障害 personality disorders 性格に深くしみこんだ，変えようのない，不適応な傾向を特徴とし，社会的機能を阻害する精神疾患の一種。

神経遮断薬 neuroleptics 精神病の治療に使われる薬。以前はメジャー・トランキライザーとして知られていた。

神経性食欲不振症 anorexia nervosa 極端な体重減少と太ることへの恐れに関連した摂食障害。

神経伝達物質 neurotransimitters 神経系で，神経間の伝達にかかわる化学物質。

信頼性 reliability 実験における結果の一貫性，または診断に関する臨床家間の一致。

スリーシステム・アプローチ three systems approach 精神疾患には，行動と感情／認知，そして生理学的な要素があるという主張。

誠実さ authenticity 個性の発達と生きる目的に関して実存主義者により用いられる用語。

精神安定薬 tranquillisers 精神病や神経症での緊張や不安を低減するために用いられる薬。

精神外科 psychosurgery 精神疾患を軽減するために，脳の組織を除去したり切り離したりすること。

精神疾患弁護 insanity defence 犯罪時に精神疾患であったという理由で，犯罪行為に対する無罪を主張すること。

精神病 psychosis 現実との接触を失う，重度の精神疾患。

正の条件づけ positive conditioning 反応を消去するよりも反応を身につけさせることを目的とした行動療法の技法の一つ。

セクショニング sectioning 精神保健法の区分により，人を収容したり，治療すること。

折衷的アプローチ eclectic approach 異なるさまざまな技法のなかからもっとも良い方法を選択するアプローチ法。

セロトニン serotonin うつや躁に関連する神経伝達物質。

潜在学習 latent learning 行動に直接表われない学習。

漸進的仮説生成 progressive hypothesizing 患者が示した改善によって，ある障害に最適な治療を見つけるために仮説を調節する過程。

選択的セロトニン再取り込み阻害薬（SSRI） selective serotonin re-uptake

inhibitors　神経間隙に放出されたセロトニンの再取り込みを防ぐことで，使用可能なセロトニンの量を増やす薬。

前頭葉ロボトミー　prefrontal lobotomy　大脳皮質の前頭葉を取り除くことを含む，精神外科の一つ。

相関法　correlational method　変数間の関連性を実証するための研究方法。

双極性障害　bipolar disorder　躁とうつの気分の間の揺れを含む精神疾患。

躁病　mania　高いエネルギー水準，過剰な興奮，誇大な思考を伴う精神病的状態。

帯状回切除術　cingulotomy　前頭葉前部皮質と辺縁系との結合を切除する脳手術。

対象関係論　object relations theory　部分そして全体対象としての他者との幼少期の関係に起因する精神疾患についてのクラインの理論。

耐性　tolerance　同じ効果を得るために，向精神物質の量をそれまでよりも増やす必要が出ること。

多動　hyperactivity　しばしば注意欠陥多動性障害と関連して，さまざまな種類（言語と運動）の過度の活動と衝動への耐性不足が伴う。

妥当性　validity　検査や実験，診断などが，それが意味しているものを本当に表わしているかの度合い。

タラソフ判決　Tarasoff decision　クライエントが危険性をもっている場合は，セラピストはしかるべき人にそれを報告することを求めるアメリカの判決。

遅発性ジスキネジア　tardive dyskinesia　いくつかのメジャー・トランキライザーの副作用として表われる，一時的な筋肉の障害。

中核条件　core conditions　ロジャーズによる治療における変化をもたらすために不可欠な三つの条件——誠実さ，無条件の肯定的な尊重，共感的理解。

調査　survey　多くのサンプルから情報（態度に関するものなど）を集めるような研究方法。しばしば質問紙が用いられる。

治療的コミュニティ　therapeutic communities　地域生活への参加を通して，患者がより適応的な機能のしかたを学べるような，より自由な環境の選択肢をつくろうとする試み。

治療同盟　therapeutic alliance　セラピストとクライエントの関係のことで，効果的なセラピーの土台と考えられている。

DSM-Ⅳ　DSM-Ⅳ　アメリカ精神医学会による診断・統計マニュアルの第4版。精神疾患を規定し，分類するために用いられる。

抵抗　resistance　自我が，精神力動的療法のなかで，抑圧された素材から身を守り，それが意識にのぼるのを防ごうとすること。

徹底操作　working through　精神力動的過程で，抑圧されていた葛藤に向き合い，分析家の解釈を受け入れること。

転移　transference　精神力動論では，これは重要な他者（たとえば親など）にかつて向けられていたクライエントの感情が，分析家に移ることを意味している。

電気けいれん療法（ECT）　electro-convulsive shock therapy　電流を脳に流すことによってけいれんを誘発させる。主にうつの治療に用いられる。

等価パラドックス　equivalence paradox　精神疾患への異なるセラピーによる効果の程度の類似性に与えられる名称。

統合失調症　schizophrenia　妄想や幻覚などの，思考や感情，行動の混乱を伴う，重度の精神病。

洞察　insight　精神分析過程における無意識の葛藤の起源と現在の精神疾患との関係についての気づき。

トゥーレット症候群　Tourette's Syndrome　不随意運動や唾吐き，ののしり，わめきなどを含む一つの状態。

独立変数　independent variable　実験者がそれが他方の変数に影響を与えることを観察するために操作する変数。

トークン・エコノミー　token economy　望ましい患者の行動に対して，後で他の物や権利と交換できるトークンを報酬として与える，行動変容の技法。

ドーパミン　dopamine　中枢神経系の重要な神経伝達物質。

二要因モデル　two-factor model　恐怖は古典的条件づけで学習され，回避はオペラント条件づけで学習され，そして恐怖症がつくられるというマウラーの理論。

人間中心療法　person-centered therapy　ロジャーズの人格理論にもとづいた人間性中心療法。セラピストよりもクライエントの手にコントロールをゆだねることを目指す。

認知的三つ組　cognitive triad　ベックによるうつの根本的思考であり，自己，現在，将来への否定的な見方のこと。

認知的歪曲　cognitive distortions　精神疾患の人びとに現実を錯覚させる思考における誤り。

NIMBY　“Not In My Back Yard” の頭文字で，自分たちに個人的な害がないかぎりは，新たな試みに賛成する人のことをさす。

ノルアドレナリン　noradrenaline　覚醒や気分にかかわる重要な神経伝達物質。

曝露療法　exposure therapy　回避できない状況で恐怖対象あるいは恐怖状況にさらす行動療法の一様式。

パーソナル・コンストラクト療法　personal construct therapy　クライエントの構成概念や，経験の解釈のしかたを変えることによる精神疾患の治療法。

罰　punishment　ある反応の頻度を減らすために，不快な刺激を与えること。

パニック障害　panic disorder　はっきりした理由がないのに，説明のつかない恐怖感とそれに伴う生理的症状が起こる神経症の一つ。

ハロー－グッバイ効果　hello-goodbye effect　クライエントの症状の訴えがセラピーの初めと最後でどのように歪曲されるかの説明。

般化　generalisation　最初の学習に関連し，類似した様式やあるいは刺激に対しても学習反応が引き起こされるプロセス。

反射　reflection　ロジャーズ派の治療で用いられる技法で，理解を確かめるためにセラピストがクライエントの話したことを言い換えたりするもの。

費用対効果分析　cost-benefit analysis　治療法を選択する際に，その治療法の長所と欠点を評価するための倫理的必要条件。

不安階層表　anxiety hierarchy　系統的脱感作で使われる刺激となる不安の階層化されたリスト。

不安緩解薬　anxiolytics　不安を減ずる薬（精神安定剤ともいう）。

複数ベースライン法　multiple baseline procedure　治療効果を測定するために，クライエントのある行動は治療し，他の行動はベースラインになるよう治療せずにおくという実験デザイン。

負の訓練　negative practice　行動変容の技法の一つで，望ましくない行動を短時間に休みなくできるだけ多く繰り返してもらうよう，クライエントに求めるもの。

プラシーボ　placebo　患者は知らないが，有効な成分が含まれていない治

療にもかかわらず，患者が抱く期待によって行動が影響を受けること。

フラッディング　flooding　恐怖状況あるいは恐怖対象との現実接触を行なう曝露療法の一様式。

辺縁白質切断　limbic leucotomy　辺縁系を残りの脳から分離する脳手術。

弁別　discrimination　類似した刺激を区別する能力を示す，条件づけで使用される用語。

無作為抽出　random sampling　ある母集団の成員が平等に選ばれる可能性のある標本抽出。

無作為統制実験　randomized controlled trial　被験者を実験群か統制群にランダムに振り分けること。

無条件の肯定的な尊重　unconditional positive regard　何の条件も付けずに，他者に対して愛情と尊重を提供すること。ロジャーズが考える治療の中核条件の一つ。

メタ分析　meta-analysis　複数の研究や，同じ問題を扱っている調査のすべての結果を組み合わせる研究方法。

モデリング　modelling　バンデューラの社会的学習理論にもとづく治療。クライアントが模倣したい性質を演じているモデルを見ること。

モデル　model　精神疾患の原因についての理解に関する信念の体系。

モノアミンオキシダーゼ阻害薬（MAOI）　monoamine oxidase inhibitors　モノアミンオキシダーゼ酵素の作用を阻害し，いつくかの神経伝達物質の活動レベルを増やす抗うつ薬のグループ。

夜尿　enuresis　膀胱のコントロールが不完全な障害，とくに睡眠中に生じるもの。

YAVIS症候群　YAVIS syndrome　精神力動的療法にもっとも向いている人のタイプ。若くて（young），魅力的で（attractive），言語でのやりとりができ（verbal），知的に高く（intelligent），成功している（successful）人。

遊戯療法　play therapy　遊びを用いて無意識に近づこうとする，子ども向けの心理力動的治療法。

有病率　prevalence　ある時点における，特定の障害をもつ人が人口に占める割合。

夢の解釈　dream interpretation　夢の無意識的意味を発見するための精神分析技法。

夢の作業　dreamwork　背後にある意味を明らかにするために夢で使用され

る象徴を解き明かすプロセス。

抑うつ　depression　悲哀，否定的思考，活動性と意欲の減退，不眠と食欲不振を特徴とする気分障害の一つ。

烙印押し　stigmatization　たとえば精神疾患の治療を受けたなどを理由に，その人を社会から排斥するような見方をすること。

罹患率　incidence　特定の期間における特定住民に起こる特定の障害の新たに発症した症例の数。

リバーサル・デザイン　reversal design　時間の経過でベースラインと治療条件を交替し，被験者自身が統制群となりうるような実験計画。

レパートリー・グリッド　repertory grid　パーソナル・コンストラクト療法家が，セラピー期間における個人のコンストラクトの変化を測定するために用いる技法。

練習の法則　law of exercise　繰り返しは連合を強化するという学習の原則。

論理情動療法（RET）　rational-emotive therapy　精神疾患は非合理な思考と非現実的な目標設定の結果であるというエリスの理論にもとづいた認知療法。